成就商业阶层事业与生活的梦想

成就商业阶层事业与生活的梦想

可折叠的新型智能电动车

通用首发时速为56公里的“EXPERIMENTAL”零排放双人电动车

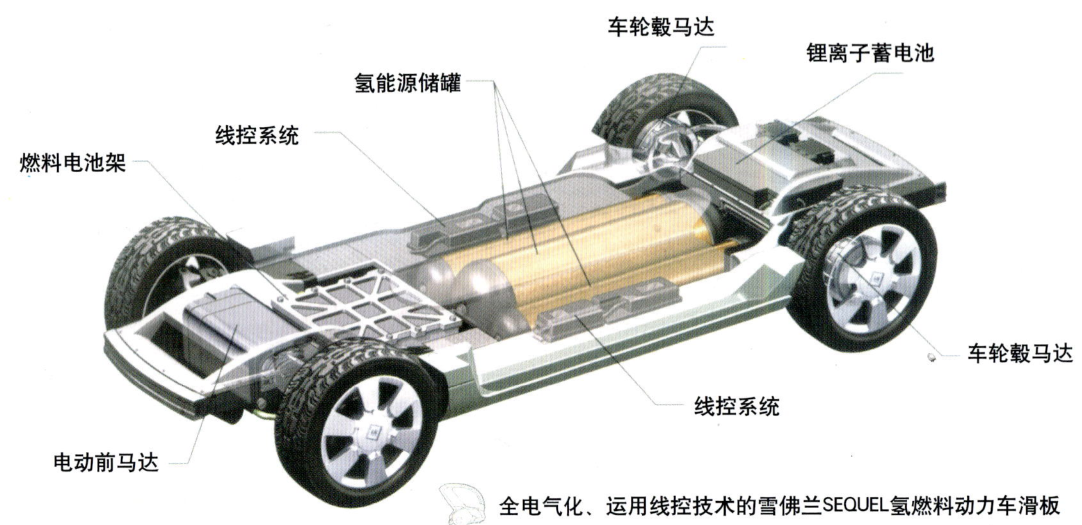

全电气化、运用线控技术的雪佛兰SEQUEL氢燃料动力车滑板

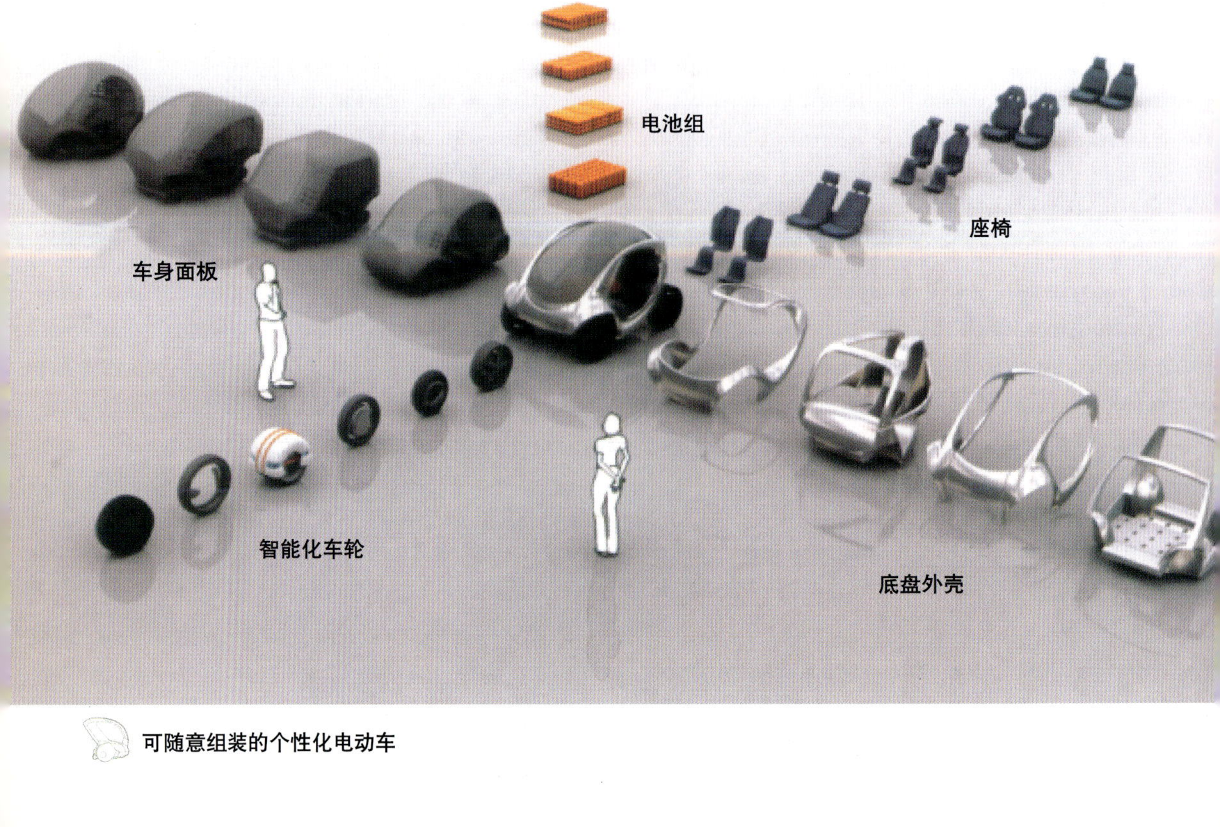

电池组

座椅

车身面板

智能化车轮

底盘外壳

可随意组装的个性化电动车

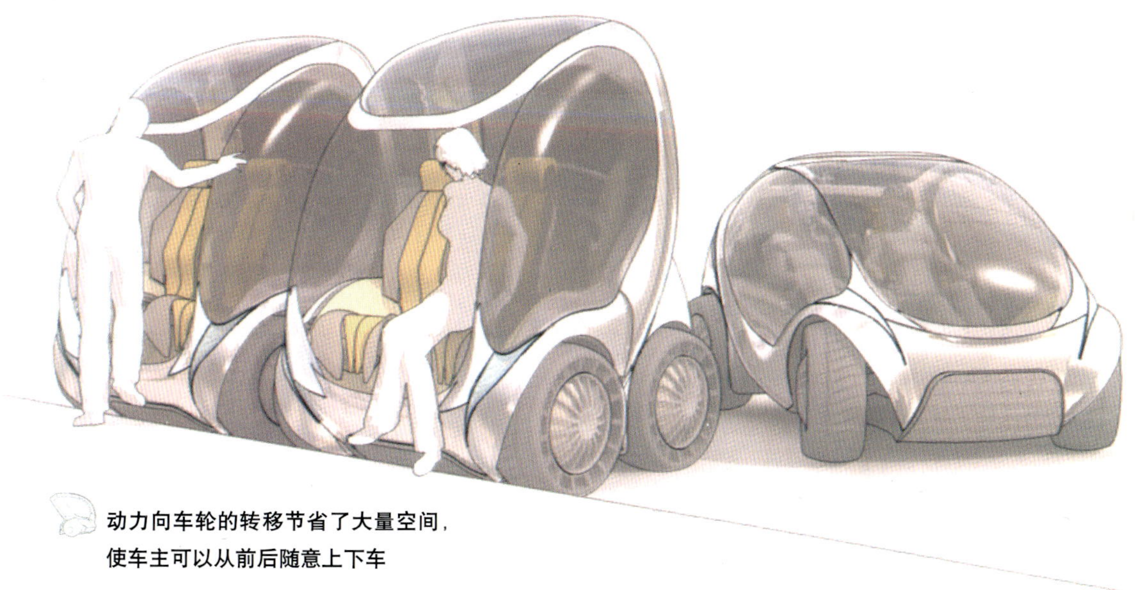

动力向车轮的转移节省了大量空间，
使车主可以从前后随意上下车

带感应式充电人行道的停车场

集合了互联网、GPS定位、无线感应、电力驱动以及电子控制技术的未来城市车

Reinventing the Automobile

“未来车”世纪

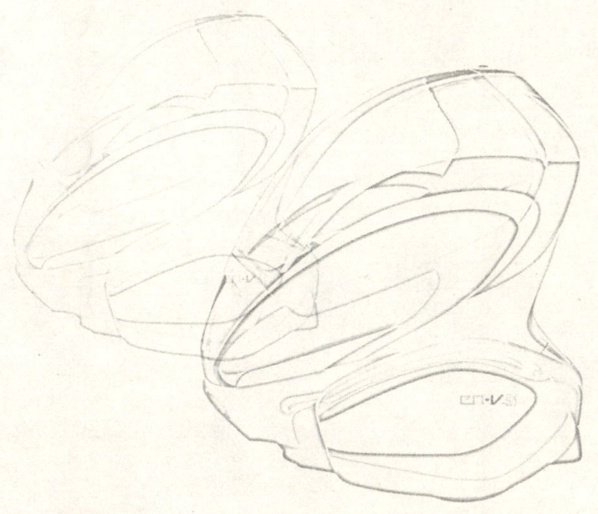

【美】 威廉·米歇尔（William J. Mitchell）
克里斯托弗·波罗尼柏德（Christopher E. Borroni-Bird） 著
劳伦斯·伯恩斯（Lawrence D. Burns）

田娟 译

中国人民大学出版社
China Renmin University Press

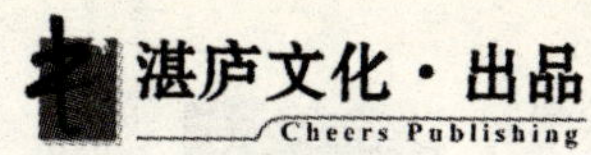

一切为了您的阅读价值

常常阅读我们图书的读者一定都记忆犹新，2008年前出版的图书中，都放置了一篇题为“一切为了您的阅读体验”的文章，文中所谈，如今都得到了读者的广泛认同，也得到了出版业内同行的追随。

在我们2008年以后的新书以及重印书中，读者会看到这篇“一切为了您的阅读价值”；而对于我们图书的新读者，我们特别在整本书的最后几页，放置了“一切为了您的阅读体验”的精编版。今后，我们将在每年推出崭新的针对读者阅读生活的不同设计和思考。

★ 您知道自己为阅读付出的最大成本是什么吗？

★ 您是否常常在阅读过一本书籍后，才发现不是自己要看的那一本？

★ 您是否常常发现书架上很多书籍都是一时冲动买下，直到现在一字未读？

★ 您是否常常感慨书籍的价格太贵，两百多页的书，值三十多元钱吗？

阅读的最大成本

读者在选购图书的时候，往往把成本支出的焦点放在书价上，其实不然。**时间才是读者付出的最大阅读成本**。

阅读的时间成本＝选择图书所花费的时间＋阅读图书所花费的时间＋误读图书所浪费的时间

选择合适的图书类别

目前市场上的**图书来源**可以分为**两大类，五小类：**

1. 引进图书：引进图书来源于国外的出版公司，多为从其他语种翻译成中文而出版，反映国际发展现状，但与中国的实际结合较弱，这其中包括三小类：

a）教科书：这类书理论性较强，体系完整，但多为学科的基础知识，适合初入门的、需要系统了解一门学问的读者。

b）**专业书**：这类书理论性、专业性均较强，需要读者拥有比较深厚的专业背景，阅读的目的是加深对一门学问的理解和认识。

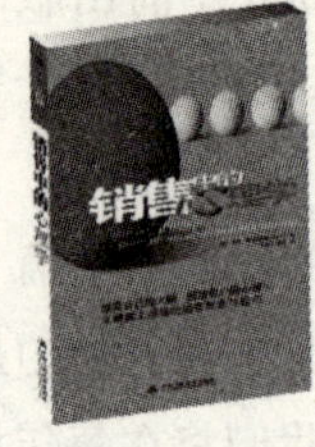

c）**大众书**：这类书理论性、专业性均不强，但普及性较强，贴近现实，实用可操作，适合一门学问的普通爱好者或实际操作者。

2. 本土图书：本土图书来源于中国的作者，反映中国的发展现状，与中国的实际结合较强，但国际视野和领先性与引进版相比较弱，这其中包括两小类，可通过封面的作者署名来辨别：

a）**"著"作**：这类图书大多为作者亲笔写就，请读者认真阅读"作者简介"，并上网查询、验证其真实程度，一旦发现优秀的适合自己的作者，可以在今后的阅读生活中，多加留意。系统地了解几位优秀作者的作品，是非常有益的。

b）**"编著"图书**：这类图书汇编了大量图书中的内容，拼凑的痕迹较明显，建议读者仔细分辨，谨慎购买。

阅读的收益

阅读图书最大的收益，来自于获取知识后，**应用于**自己的**工作和生活**，获得品质的**改善和提升**，由此，油然而生一种无限的**满足感**。

业绩的增长
职位的晋升
工资的晋级
更好的生活条件

收益 ⇦ 一本书 ⇨ 花费

一张电影票
一顿麦当劳
一次打车费
两公斤肉

目录 Reinventing the Automobile

关键词：0度转弯 线控系统 智能车轮

“0度转弯”使车主在汽车面对死巷时不再为转弯头疼，线控系统和智能车轮不仅使汽车较传统的燃油汽车组装部件更少，而且机械构造也更加简单。

关键词：智能街道 快速充电

清洁能源的使用，将需要能快速补充能源的基础设施，应运而生的智能化街道不仅可满足快速充电的需求，还将消除目前街道照明和应急报警系统的混乱状况。

关键词：热电联合系统 分散式能源系统

与电动车系统结合起来的的分散式城市能源系统可以提供和分配城市所需的能源，这种结合效率极高，而且数量多，性能稳定。

Reinventing
the
Automobile

引言

汽车的革命

一个多世纪以来，汽车为城市——这个世界大多数人口居住、工作、游乐、从事社交和文化生活的地方的居民出行提供了自由。它使人们享受到了城市便利的设施所带来的舒适生活，它是多数人的一个梦想，而且它在美国和其他经济共同体中扮演着重要角色。但是现在，它需要彻底革命。

在一个复杂的共同进化进程中，汽车工艺、设计解决方案、能源供给系统、街道和道路基础设施、都市陆地使用模式、经济利好、政府政策各方面的相互依赖关系十分明显，汽车行业的问题已经成为城市面临的迫切需要解决的问题之一。当前的城市为了保持长期的生机和舒适性，已消耗了地球上太多的不可再生能源，而且这种能源的供给线路十分不安全且不稳定。过多的汽车和拥堵的停车场使城市的运输系统显得更缺乏安全性、便利性和舒适性，而且它们还会制造超过地球生态系统消化能力的废气，从而对地球生态系统造成无可挽回的破坏。我们认为，汽车革命可成为解决这些问题的有力措施之一。在维持甚至是提高城市个人移动的便利性和舒适水平的同时，我们所介绍的**新型汽车和个人都市移动系统可保证降低移动系统对整体能源和材料的要求；促使不可回收能源向清洁、可回收能源转变；降低尾气排放；提高能源安全效果；普遍提高都市生活质量。**

这些汽车也以其娱乐性、时尚性和经济性而对消费者充满了诱惑力。有一点是很关键的：只有获得了大多数消费者的认可，汽车革命和移动系统才会对我们需要的都市持续发展创造巨大的效益，为汽车行业注入无限生机，并有助于为未来营造一个洁净、绿色的经济体系。

可持续性个人交通工具

汽车满足了我们的出行和人际交往需求。自从我们的祖先大约在10万年前离开非洲大陆，迁移到世界各地之后，个人交通就被公认为一项基本的人类需求。人类开始不停地撰写关于移居、迁徙以及创造从一处转移至另一处的运输工具的历史。

从原始部落到现代文明城市，从深山洞穴到钢筋水泥的摩天大楼，从双腿步行到以马车代步，从穿鞋走路到享受汽车带来的快捷、舒适，人类一直在通过提高迁移率以及获取多种资源来实现人口和财富的增长。车轮的发明促使了人力牵引和畜力牵引马车的产生，马匹的人工驯化扩展了旅行者的出行范围。马匹一直是主要的运输工具，直到100多年前被大量生产的汽车取代，才逐渐淡出历史舞台。

就在汽车运输神奇般地促进了个人交通的便利，并实现我们对城市增长和繁荣的热望的同时，它也产生了棘手的负面影响。自由的释放和商业兴旺是显而易见的，同时还产生了更多的工作机会、更频繁的货物和服务交易以及更便捷和安全的个人出行。我们可以带着需要的物品随心地在某个时候出发去我们向往的目的地。然而，随之而来的负面影响也是明显的，并且有不断增长的趋势。在实现了个人交通便捷的同时，我们也损坏了自身赖以生存的自然环境，消耗了自然资源，在交通中浪费了时间，在冲撞事故中伤害了彼此，同时拉大了贫富差距。这些负面影响的延伸，是当今日益紧迫的运输系统可持续发展的问题。幸运的是，快速完善的集成技术保证在实现更大的自由化的同时减少（在某些情况下甚至是消除）这些不利影响。本书全面展望了以实现这种保证为前提的汽车的未来以及个人都市移动交通工具。

以数据说明事实最有影响力，也最令人震惊。

地球总人口超过了67亿，超过一半的人居住在城市里。据统计，在26个城市里的居住人口超过了1 000万。这1 000万人口拥有850万辆小汽车和载重汽车，几乎全部由内燃机驱动并以石油做能源。这些汽车首尾相接连在一起，可绕行地球近100圈——然而，这个数据也说明我们每8个人中仅有一个人拥有一辆汽车。

在美国，85%的个人出行是通过汽车来实现的。美国人每年总消耗燃油1 800亿加仑，分别由17万个加油站分配和供给。而且，可以预计在这个新兴市场上，汽车的销量还会持续增长。在每年3%的销售增长率下，中国汽车总数有望在2030年超过美国。随着印度经济的增长，它随时准备成为第二个“中国”。

从世界范围来讲，全球汽车行驶一天要消耗1 800万桶油；每年汽车排放的二氧化碳达27亿吨；每年道路交通事故要夺走

120 万条生命。在人口密集的城市中心，车速可能远低于 10 英里 / 小时。

到了我们需要认真考虑个人交通移动工具与汽车运输带来的经济繁荣之间的平衡关系，以缓解其负面影响的时候了吗？或者，我们能充分利用 21 世纪的集成技术和新的设计方式以有效消除这些负面影响，从而拥有更多出行和社交自由吗？本书将告诉你结论。它将四种观点有机结合起来，对可持续性汽车的未来充满信心，甚至是在人口超过 100 万的大城市也一样。尽管某些观点并不是最近才提出来的，我们仍然相信现在有必要——并且是完全可行的，进行技术大融合，迎接个人交通革命的到来。

四种构想

第一种构想是采用新的汽车 DNA 以改变当前汽车的基本设计原理。如表 0—1 进行的简单总体介绍，今天的小车和载重汽车的动力来自内燃机，燃料是石油，通过电气机械方式人工控制，并且彼此独立运行。事实上，它们基本上与一个多世纪以前卡尔·奔驰、兰塞姆·奥尔兹（Ransom Olds）、亨利·福特生产的汽车具有相同的“组成基因”。

新的汽车 DNA 包括电力驱动和汽车联网技术的“联姻”，其最显著特点是电力驱动，使用电动机作为动力，采用电气能源（及其亲密伙伴氢能源）作为燃料，并采用电子自动控制方式。电动汽车包括**蓄电池电动车、增程型电动车**以及**燃料电池电动车**。这三种类型的电动车将在未来的生活中发挥重要作用，并与现在大家所熟识的采用增加蓄电池和电动机以提高机动能效的混合动力车有所不同。

新的汽车 DNA 使得汽车可通过道路基本设施和路旁辅助设备实现无

线互联。在采用 GPS 定位技术和大容量信息的数字地图之后，“智能汽车”能精确知道自己与周围环境的相对关系。即使凭借今天的技术条件，车对车（V2V）通信和 GPS 技术也能帮我们确定一米之内两辆车的距离，并预计 20 毫秒之后这两辆车的位置。充分利用这种技术将使汽车实现自动驾驶并避免冲撞。这将导致对车辆碰撞防护要求降低，意味着汽车可以变得更趋于轻型化、更适合于电动方式，并能刺激个人交通工具对可再生能源的采用。这也意味着汽车驾驶能带来更多乐趣，并能充分表达情绪和障显个性。

表 0—1　　新的汽车 DNA

旧的 DNA	新的 DNA
机械驱动	电力驱动
内燃机启动	电动机启动
汽油能源	电力和氢能源
机械控制	电子控制
独立运行	智能和互联

第二种构想——移动互联网。移动互联网和汽车的关系类似于计算机和互联网之间的关系，它使得汽车可以实时共享海量信息和信息定位数据，其结果是优化了交通管理，减少了出行所费时间，提高了出行计划性。如同今天的因特网服务器管理着超大容量电子邮件系统一样，移动互联网服务器将处理汽车流量的巨大信息，这将使汽车并入到新兴的“车联网”中。汽车将成为移动网络上的一个节点。

移动互联网也允许驾驶者之间实现信息共享和保持人际、社交和商业网络之间的无缝连接，车内的非驾驶人员很快也会做到这一点。当汽车在自动驾驶时，驾驶员可以做他们想做的事情，而且非常安全，因为他们不会因为"驾驶而分散注意力"。

汽车新的DNA和移动互联网结合，使得21世纪的个人都市移动系统诞生了，其可应用范围为城市和小镇。专门设计用于城市的小型汽车占据空间更少，排放的二氧化碳尾气也更少，并且购买价格和维护费用比现在的汽车要低廉得多。稍后我们将介绍两种新的基于汽车新DNA的创新型汽车。这些汽车主要来自麻省理工学院（MIT）和通用汽车公司共同研究和实验的成果，是几款设计新颖、外观时尚的新型汽车，这些新型电动车可以实现无线互联、自动驾驶，并能避免车辆间的冲撞。它们质量轻巧、占空间少且能效高，可提供全天候保护，驾驶舒适，并允许驾驶者轻松驾驭社交活动。它们是处于不断改进中的研究成果，而不是设计完善、品质一流的产品，但是它们确实证明了这种设计思路的可行性。这一点将在第4章中阐述。

第三种构想是使用智能洁净的能源。这产生于电动车、节能大楼和智能节约型电网的无缝连接所创建的布局合理、响应迅捷的能源系统。这种系统将对供电方式多样化以及电力能源的再回收（间歇性的）起到支持作用。另外，因为电力能源和氢能源可以互相代替，而氢能源的储集密度比蓄电池高，智能能源系统将使蓄电池能源和燃料电池达到最优混合，以保证汽车对电能的稳定使用。这要求系统可以在需要的时候精确调配少量能源到需要的地方。

最后一个构想是建立电力能源系统、道路交通、停车场和车辆的电子化控制动态定价市场。这些市场目前还不成熟，但是稳态和动态连接有助于实现这个趋势。它们依赖于无处不在的计量和检测，充分利用强有力的计算支持后端，提供价格指示以及控制供需的刺激手段，并带动城市的可持续性的生活模式。

变革构想的融合

依次来看，这四种构想的任何一种都可以为个人和社会带来明显的利益。它们可以在不同程度上独立实现，不过将这四种构想融合在一起才能带来最理想的效果，它们可能显著改变城市个人移动模式。为了说明这四种构想同时实现所产生的效果，第 8 章探讨了它们对聚集地球最多人口并将在 2030 年拥有世界 80% 财富的城市（据联合国统计）的综合影响。城市对人们将保持持久吸引力，因为它们具备便利设施，能提供各种机会。然而，它们也是遭受汽车所带来的能源消耗、环境污染、安全度降低、交通拥堵、布局不合理等负面影响最严重的地方。

这四种构想充分融合以后，所带来的变革一定会带给我们更多自由，并促进经济增长和社会繁荣。同时消除许多（如果不是全部）今天的汽车运输系统所产生的不利影响。图 0—1 简要说明了这种变革对目前汽车行业问题的改善。

构想融合		个人移动系统的变革		利益
新的汽车DNA （电动和无线互联） + 移动互联网 + 洁净、智能能源 + 动态定价市场	=	零排放 可回收能源 避免碰撞 行进中安全沟通网络 驾驶乐趣和自动驾驶（如需要） 动感设计 出行时间更短，出行更具计划性 占据空间小，停车省时 提高道路通行量 减少噪音 降低成本	=	更多自由 + 可持续性移动 + 可持续性经济增长和社会繁荣

图 0—1　全部构想实现带来的利益大于部分累计的利益之和

这些构想的基础——使能技术才刚刚完善起来，并开始与其他技术融合，这为大规模的综合应用提供了必要条件。我们面临着前所未有的从根本上改变汽车行业和个人移动系统的良机，这不仅仅是小步伐的推动，而是将战胜目前面临的紧迫的可持续性问题。

构想的实现

第 9 章讨论了要实现这种变革所要做的事情。网络的成功普及证明，大规模的移动互联网以及多样化的产品和商务的集成是可实现的，而且从这个例子中可以学习到许多有益的经验。

在市场"据点"里已经对这几种必要的推动技术进行了测试。其他的技术还需要据点测试，所有技术都必须加以完善以达到市场"转折点"。因为汽车、能源基础设施、通信基础设施和政府部门之间的相互依存关系，调整刺激手段、确定股东合并形式以及使未来个人都市移动系统的大众化构想得到广泛认可将是必要的。这种大众化构想必须围绕"系统中的系统"模式建立，使用公认的系统接口启动标准，增加每位用户的系统使用价值，继续推动投资增长和加快系统完善。人们将需要新的公私合作形式以及新的商业模式，以取得这种变革所隐含的公私价值，并实现风险共担、利润共享。最后，我们必须激发公众的想象力，鲜明再现风险和机会，获取政治上的支持并刺激消费者需求。

第一步包括对试点项目进行开发以及严谨的设想。它必须具有一定规模，达到一定投资水平并促使这些想法的整体实现。这些项目将证明汽车变革和个人都市移动系统的现实意义，以图解方式解说实际的日常操作和实验结果，并提供必要的实验和测试机会，通过进行大规模数据收集和分析，获得详细的向更大规模迈进所需要的经验和知识。

实现我们心中所想还需要一段漫长而困难的路程，但结果也可能是创造更适宜居住的、更有发展前途的城市，实现以洁净、绿色能源技术为基础的经济增长，以及为子孙后代创建一个更繁荣的社会并带来更多自由。

Reinventing
the
Automobile

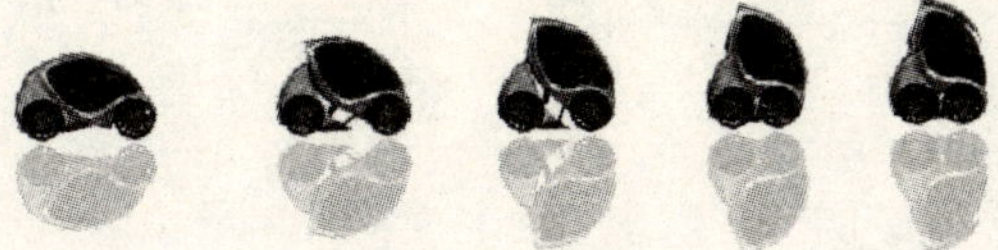

第1章

创建新的汽车 DNA

今天汽车的外形源自发动机（防护罩下）的排量以及其前身——马车和货车的自然衍变，这种构造使得19世纪真正的马力车向20世纪的机动车转变。

在21世纪，我们将看到汽车从机械驱动进一步向电力驱动转变。由于汽车越来越多地采用电动机驱动和电力供能，一种全新的汽车设计变革出现了。图1—1所示的电动滑板即可以成为一个有力的佐证。

在安装了无线互联和智能系统之后，未来的汽车可以自动驾驶，并且具有优良的冲撞避免性能。这不是科幻片，但是有力证明了将来的技术会在缩小体积和降低成本方面卓有成效。它将提供更多的想象空间，去精简和重新设计汽车结构和内部设施。这些变革所产生的新的汽车DNA使汽车设计进入了一个全新的时代。它将延伸设计可能性的空间，这是前所未有的。

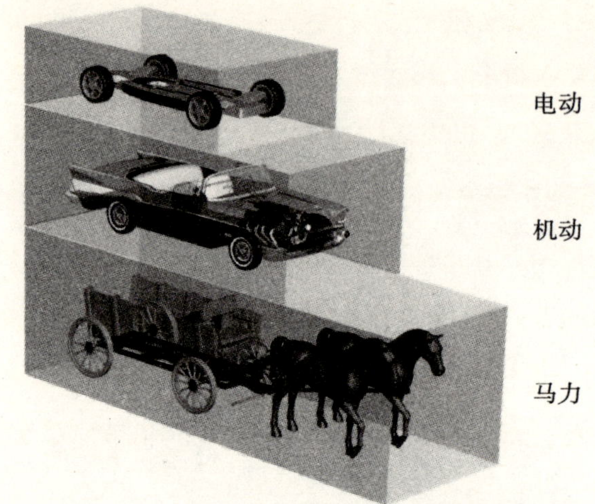

图 1—1　汽车 DNA 从马力到机动再到电动的演变

汽车及其 DNA 的演变

尽管早在 15 世纪达·芬奇就提出了机动化的构想，但第一辆真正无需人畜推拉的汽车直到 1769 年才发明出来，当时法国工程师尼古拉斯·约瑟夫·居纽（Nicolas-Joseph Cugnot）为法国军队制造了一辆带蒸汽发动机的连发射炮车。一年以后，他制造了第一辆使用蒸汽机作为动力驱动车辆的三轮车，可乘坐四人。这一创举掀开了尝试的序幕，然而直到 50 年以后，全世界的工程师、机械学家和制造工人才开始思考发明“不用马拉的车”。

在今天看来，汽车创新受到了全世界的重视，但是一开始它绝不是如此受关注的。有各种各样的动力装置——包括蒸汽机、电动机、蓄电池以及内燃机，人们甚至不清楚车辆是两轮、三轮还是四轮的。

早期的汽车发明家比较偏好蒸汽机，因为它的技术比较简单，并且在工业行业中的应用已有 100 多年的历史了。然而，第一辆“蒸汽车”有着明显的缺点。从汽车发动到蒸汽驱动需要花费30~45分钟，而且仅行驶30英里就不得不补充水。尽管锅炉闪蒸和排气冷凝器最终克服了这些缺点，但这些创新因出现太晚而不足以拯救靠蒸汽机驱动的汽车时代。

电动机和蓄电池最先为这种演变带来了好处。第一辆电动车由苏格兰的罗伯特·安德森（Robert Anderson）、荷兰的斯布朗达思·斯特拉廷赫（Sibrandus Stratingh）和克里斯托弗·贝克（Christopher Becker）制造于19世纪30年代。法国物理学家加斯顿·普朗特（Gaston Plante）和卡米尔·福尔（Camille Faure）通过增加蓄电池储存容量实现了意义非凡的突破，并最终使蓄电池电动车在法国得以走向大规模商品化，而这种电动车的商品化在英国开始于19世纪80年代，在美国则始于19世纪90年代。蓄电池电动车辆噪音低、能源洁净、操作简单，但是蓄电池充电时间长，替换成本昂贵，且行驶范围有限。因此，蓄电池电动车和蒸汽车一样，只能成为“城市”汽车。

内燃机（ICE）是第三种可供选择的动力装置，它既有优点也有缺点。早期的支持者认为这些发动机具有出色的动力性能、更佳的行驶速度、更长的行驶里程。但是它们也有操作复杂、噪音大，而且会污染环境的缺点。它们要求采用危险的手摇曲柄启动，需要齿轮传动装置将发动机的动力传送到动力传动系统，使用易燃的燃油，并排放出难闻的气体。顶着这些问题的压力，发明者继续在探索的道路上前行。1885年，工程师卡尔·奔驰在德国发明并制造了在今天被公认为是第一辆以汽油为燃料的三轮驱动汽车，并申请了产品专利。很快，类似车型在欧美国家普及开来。

由于第一辆汽车存在的缺陷，在20世纪之交，审查委员会仍然反对动力装置系统是机动化运输的最佳解决方案的议案。内燃机得到了工程界的支持，但是美国制造的大部分汽车仍然是蓄电池供电汽车或蒸汽车。

然而，设计技术、制造专业知识、商业手段、能源供给系统、道路修建、公共措施以及消费者需求等种种因素合并起来，使得内燃机很快成为汽车行业主流的动力装置，触动了经济的动态增长，并最终带来了社会的无比繁荣。

一项对技术起到重要的推动作用的因素是发明家兼研究员查里斯·凯特灵（Charles Kettering）发明的电动起动器，它取代了手动摇柄，并使得采用内燃机作为动力装置的汽车发动更容易、驾驶更安全、外观更平和可亲。另外一个重要事件是美国道路系统适时的修建，使得汽车可以实现远距离的载人和载物。另外，俄克拉荷马州和得克萨斯州的大型原油储库的发现，以及石油优良的能量密度，使得石油燃效更高，而汽油比其他燃料更便宜。另外一个关键的推动力量是兰塞姆·奥尔兹和亨利·福特成功采用了汽车生产线，并实现了低成本的规模生产，使得内燃机驱动的汽车的价格可被大多数人所承受。1914 年，福特推行了“日工资 5 美元”的利润分享薪资制度，鼓励生产工人购买本公司的产品，并为中产阶级的壮大铺平了道路。

接下来的故事为大家所熟知。内燃机成为汽车和主要个人交通工具的动力装置，它推动了以汽车制造、燃料系统和道路修建为鲜明主线的新工业的发展，这种新的运输体系最终以实现了“人人有汽车，汽车无所不在”和洲际公路系统而达到顶峰。这反过来使当代郊区居民开始了一种全新的美国生活方式，并推动了一个世纪的经济繁荣。作为动力装置的始祖，内燃机可能不是最理想的办法，但它是当时最有效的解决方案。

在 20 世纪前数十年，对更大自由的普遍欲望以及个人出行随心所欲的热望带来了汽车拥有人数的增长。在汽车、道路和加油站构成一个联网体系之后，这种增长趋势愈来愈迅猛。

在美国，至少140万个工作岗位与汽车制造和服务行业、道路修建和养护、燃油供应、基础设施管理有着直接或间接关系，这使得个人交通成为美国主要的经济引擎。实际上，国家近20%的零售业绩来自汽车，汽车行业占制造业产值的20%。根据2008年车行AAA级年度成本研究报告，个人消费者的成本花费也不低——约为每英里50美分（类似雪佛兰Malibu、凯美瑞或本田雅阁的中型轿车），其中不含停车成本。

问题和革新

在过去100多年里，接二连三的技术突破使我们的汽车更强大，驾驶和控制更简单、更安全，能效更高，同时也更环保。然而，变化是惊人的，革新也是轰轰烈烈的。实际上，汽车的基本DNA并没有完全改变。就像第一批规模生产的汽车一样，我们的汽车仍然以内燃机作为动力装置，使用石油作为燃料，通过电气机械方式驱动，并且彼此独立运行。

不过，现今的人们逐渐认识到有着120年历史的汽车DNA无法继续维持下去了。尽管汽车运输系统的规模和范围以及它所带来的自由和繁荣令人感受颇深，但我们必须严肃考证现在的系统能否为日益拥挤、资源受限的未来社会——特别是未来城市所接受。现今的汽车经过专门设计，用以满足人们在长途或短途路程上载人载物所有能想得到的需求。但这种令人惊叹的适应性也带来了高昂的成本和低下（重量大、体积大、能耗高）的效率，并且成为过于依赖进口汽油、空气污染和温室气体排放、对驾驶者、乘客、行人和其他道路使用者造成人身伤害甚至死亡事故、交通拥堵、陆地利用率低、无车人士相对行动不变等种种问题的主要原因。这些困难在拥堵更严重、停车空间更有限、令人头疼的行人和自行车意外事故频发的城市里更被扩大化了。在汽车使用率高的城市里，目前这种构造的汽车显然是低效的。

今天，一辆典型汽车的重量为驾驶者的20倍，可以在不用补充燃油的情况下行驶超过300英里的路程，速度可以大大超过100英里/小时，需要的停车空间差不多为100平方英尺，并且90%的时间处于停泊中。除非一辆汽车大部分时间被用来拖载大量乘客或运输重物，这显然超过了满足城市安全、便利、有效的个人交通所需的要求。通过设计规格与个人城市交通要求更符合的车型，我们可以做到使汽车小型化、用料节省、占据空间更小以及耗能更低。

幸运的是，正如同一个世纪以前一样，我们对个人都市移动系统的巨大转变充满信心——可将我们的出行自由推升到一个新的高度，其具有无限潜力，并能带来更快速的经济增长和社会繁荣，以及实现能源、环境、安全的可持续性发展，并降低拥堵状况。为了这一天的到来我们无需更多设想。为了加快实现那些功能已得到验证的技术，并期冀我们的生活和工作更舒适，我们在前进的道路上探索着。这是全人类共同的愿望。

第一步是创建新的汽车DNA。新的DNA可使我们的汽车实现电力驱动，以电力和氢做能源，电气化控制，并作为车联网的一个节点。汽车之间可通过道路基础设施和路旁辅助设备实现无线互联。它们也可以精确测定与其他车辆和道路的位置关系，还可以自动驾驶，并避免冲撞和交通瘫痪。

同劳伦斯·伯恩斯、拜伦·麦考密克（J. Byron McCormick）、克里斯托弗·波罗尼柏德在2002年出版的《科学美国人》中“汽车的变革”一文指出，新的汽车DNA带来的不仅仅是电气化的变革。电气化革命将使汽车能效更高、更洁净、更可靠，并充满更多驾驶乐趣，但是我们也希望汽车互联能提高汽车在行驶时相互之间的配合度，降低交通事故发生率并控制交通拥堵。提高汽车系统行驶效率将额外提高能效，改善空气质量水平。电气化控制和无线互联创造了个人交通工具的革命，重要的是，个人交通革命需要的技术已经成熟了。

汽车 DNA 的新的变革与计算机和通信技术发展史十分类似。今天的汽车如同 20 世纪 90 年代的独立桌面个人计算机，明天的汽车将如同具有互联网功能的手持设备——体积轻便，但是在许多重要方面功能更全面，适应性更强。

电气化控制

汽车新的 DNA 将以电气化控制为基础，传统的汽车采用机械化控制，混合动力电动车，甚至是充电式混合车，结合了传统的机械动力和电动动力，增加了汽车额外成本和汽车重量，使情况变得十分复杂。就好像今天的传统汽油型发动机动力汽车一样，电动车具有一套动力装置，但是汽车靠电动马达驱动行驶，而不是以发动机作为动力源和靠机械化传动系统行驶的。

近来，锂离子蓄电池和氢能源作为燃料的电池的发展也激发了人们对电动车兴趣。新的蓄电池化学原理使得蓄电池单元更稳定，动力更充足，能量密度更大。今天，这些蓄电池单元已经发展成安全的蓄电池组电池，既具有提高电动蓄电池的里程范围所需要的高储能，也有与精巧型汽车相称的标准加速度所要求的高动力。

有了这些改善之后，汽车制造公司和蓄电池开发商联合起来生产了一系列蓄电池电动汽车。许多公司，不仅仅只是传统的汽车制造商，近来都公开展示了电动车并公布了生产计划（参见图 1—2）。这些汽车可以在车上储存并创造电能，并将完全靠电力驱动。

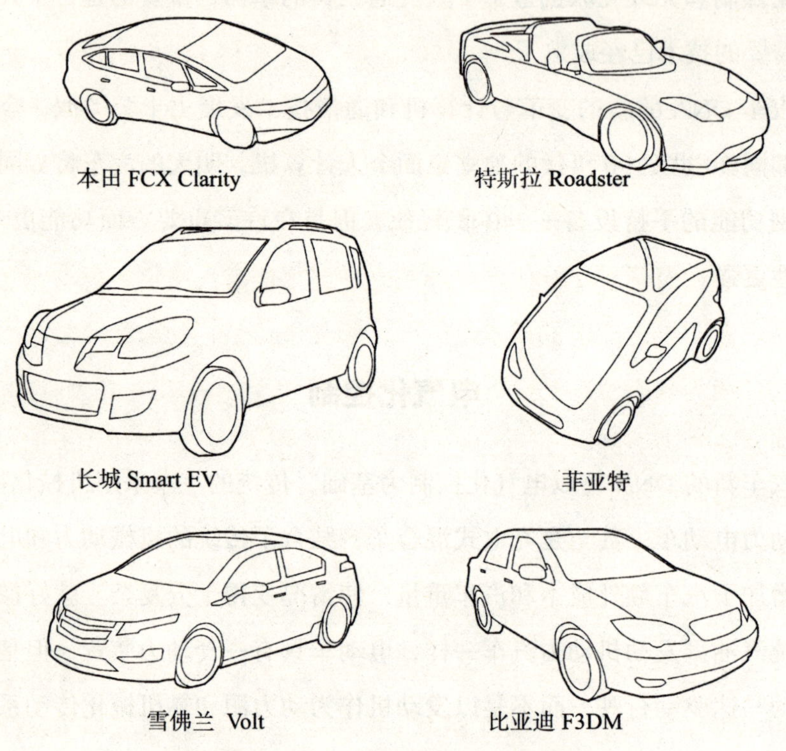

图 1—2　电动车的一些图例

这些新型汽车的示例包括：

● 蓄电池电动汽车（BEV），如小型轻便的 Think City、特斯拉 Roadster、宝马 Mini E 电动车、戴姆勒 smart fortwo、三菱 iMIEV，其公布的里程范围在 50~240 英里之间。

● 即将上市的丰田 Prius 和福特 Escape 的充电式混合电动车，仅依靠蓄电池供电可行驶 10~40 英里。

- 增程电动车（EREVs），如雪佛兰 Volt、比亚迪 F3DM 戴姆勒 Blue Zero E-cell，单靠蓄电池供电的里程约为 40 英里，可以满足 3/4 的城市居民每天的出行需求。

- 燃料电池电动车（FCEVs），如本田 FCX Clarity、雪佛兰 Equinox Fuel Cell，在氢燃料补充前可行驶路程超过 200 英里。

蓄电池电动车可以做到零排放，并且绝对是短距离出行最经济的方案。当考虑到锂离子电池组在 240 伏的电源插座充电后不到 3 个小时需再次充电，或者需通过标准 110 伏电源插座充一整夜电时，蓄电池电动车会变得更加受欢迎。再次充电的成本十分低，每英里所消耗的电能仅需花费 2 美分，或者约为每天 80 美分——远低于我们在上班途中喝一杯咖啡的价钱。按供油站油价为 2~4 美元每加仑计算，这仅相当于使用汽油作为燃料的同类车型驾驶成本的 1/3～1/6。

增程型电车，例如四人座的雪佛兰 Volt，通过一个电动机或发电机，可以实现全天超过 40 英里的持续电动驱动行驶。这种增程型电动车可以使用汽油或生物燃料供电，行驶里程增加达数百英里，解决了单纯蓄电池供电的电动车带来的“行驶里程不足的焦虑”，但同时也增加了复杂程度和汽车行驶成本。

只有选择氢能源燃料电池才可以既保留传统的家庭型汽车行驶里程长，充电时间短的特点，又可保证单纯蓄电池供电的电动车实现节能和环保。而且，从能源多样化的角度来说，氢能源的基础设施和电网互补不足，因为国内供给的改造天然气和生物燃料是提供氢能源的极好来源，水电解产生的氢能是储存可再生能源（例如风能和太阳能）所产生的电能的最佳方式。

通用、戴姆勒、本田、丰田、福特等知名汽车制造商在过去几十年里一直致力于以燃料电池作为汽车推进装置替代品的研究。这些制造商共同努力的结果是，取得了一系列令人满意的燃料电池汽车性能、安全、范围、速度、冷启动性能、耐久性和功能性的标准参数。（见表 1—1）

表 1—1　　　　　　电动系统特征

	蓄电池电动车	增程电动车	燃料电池电动车
电动车外型	≤微型	≤小型	≤家用型
充电时间	小时	小时（蓄电池充电）	分钟
里程（英里）	100＋	40（蓄电池）或 300＋（蓄电池组）	300~400
性能	优越	优越	优越
尾气排放	零	日行驶 40 英里，尾气排放为零	零
能源	形式多样且不含石油	形式多样且石油仅用于增程器	形式多样且不含石油
充电基础设施	可实现家用充电	可实现家用充电和站点充电	必须进行配置

表 1—1 列出了三种类型的电动车的各种比较，包括几种度量标准和图例说明，每一项都有独特的“研究价值”，为它们的可持续发展做贡献。蓄电池电动车、增程电动车以及氢能源燃料电池电动车各有所长，互补不足；它们的前景都十分乐观，以完全建立在“井轮到车轮”基础之上的多样化的能源供给、明显提高的汽车使用效率和低排放给消费者提供了广泛的价值课题。

图 1—3 以图例的方式说明了电动车在汽车类型组成中可扮演的角色。**对于家庭型汽车，如果选择氢能源燃料电池作为动力来源，则它有巨大潜**

力可实现远程零排放以及快速完成充电。另外，蓄电池可为里程范围小的小型城市汽车提供车载电力。增程型电动车弥补了这两种方法的不足，是家用轿车的最佳选择。

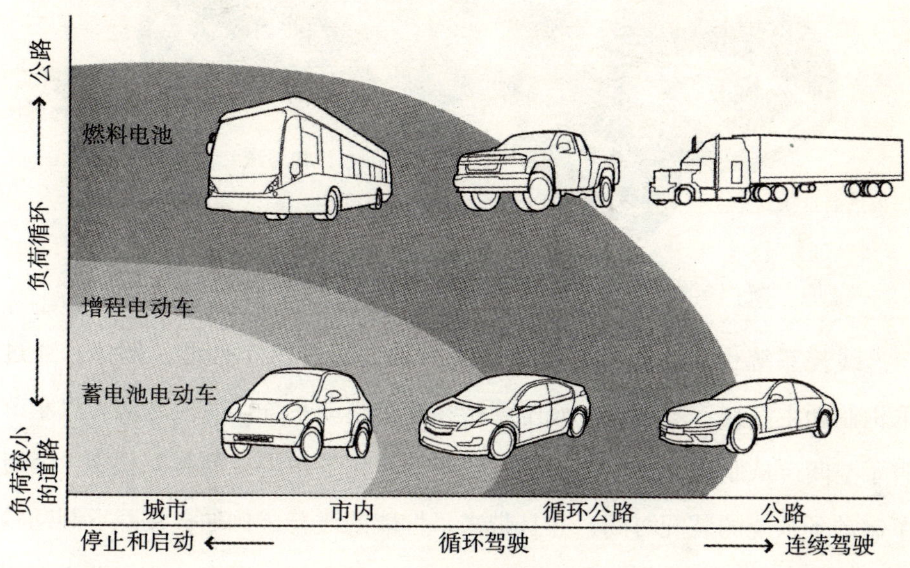

图 1—3 电动车的一些应用

电动车的另一个特点是，它们既可以使用中央马达——对大多数汽车来说已足够，或者使用车身两边的车轮马达驱动。车轮马达最有希望被城市汽车采用，因为它们要求车身小巧，因此需将马达向外移到车轮上以释放更多的空间。

电动车也为其他电力驱动汽车系统奠定了基础，例如所谓的底盘线控系统，它使底盘严格遵守驾驶者的控制操作。在转向、制动和悬架启动器的作用下，协调底盘控制系统可允许整体底盘响应驾驶者的命令。雪佛兰 Sequel（图 1—4）是第一代最适合于道路行驶的汽车，其系统被充分电气化（电力驱动，包括后轮电动机、线控制动和转向）。

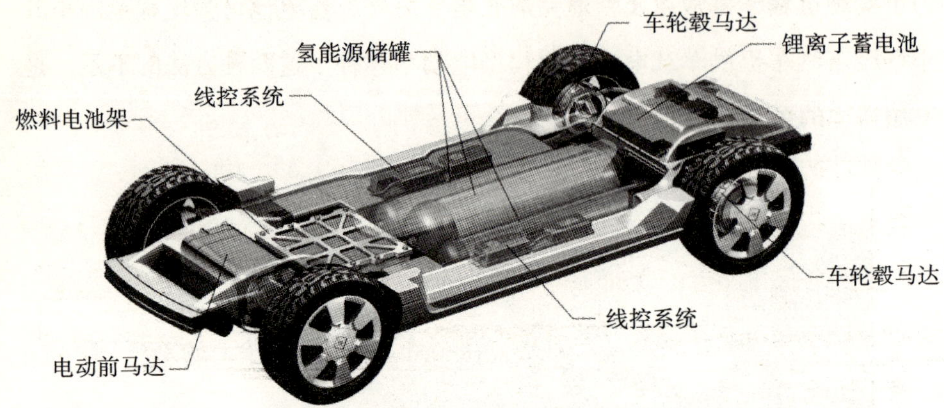

图 1—4　全电气化、运用线控技术的雪佛兰 Sequel 氢燃料动力车滑板

线控系统也会为设计、制造带来方便并提升汽车性能。例如，通过取消制动主汽缸、增压器、液压管路和停车制动系统，线控制动为汽车节省了空间。从制造的角度来说，线控制动简化了角模块的装配程序，缩短了制动子系统的装配时间，并且带来了性能的改善。例如，在踩下制动踏板时，汽车的反馈就像开灯一样快速，很快就会停止下来。这有助于缩短刹车距离，避免汽车之间的冲撞。其他好处包括协调刹车踏板感受，与节气门、悬架和线控转向系统集成以提高稳定性和主动安全性（避免冲撞）。

线控转向系统带来的优势类似于线控制动系统（在设计、制造和汽车性能方面）。例如，通过消除中间传动轴，它使前车厢的组成具有更大的灵活性。因为减少了中间传动轴，车身和底盘之间的装配变得简单了。稳定性和装卸操作都改善了，因为车轮可不依赖于彼此间的作用和转向转轮而实现转向。**线控转向系统比传统的转向系统具有更好的适应性，因此，在停车场它具有更高的灵敏性，在公路上可使汽车行驶更平稳（例如，速度感应式）**。另外，通过对道路交通的反馈信息的智能过滤使转向车轮独立，从而降低噪音并减少振动。

对于希望汽车底盘性能更好或者汽车车身更时尚的消费者来说，可通过软件对线控系统进行升级。例如，软件的升级可使底盘设置（例如，刹车踏板舒适感、转向作用和反馈、悬架驾驶）自动调整以适应安装了相同底盘软件的不同的车身或者驾驶者的偏好。可通过从正当的联机校准菜单下载来进行偏好设置，也可通过手机实现这一设置。底盘个性化不仅使电动车受到环保主义者的欢迎，同时也受到重视汽车性能的狂热分子的拥护。例如，加速时可通过电气化系统使汽车发出的声音和人的情绪相吻合，就好像手机响铃一样。

到目前为止，使底盘线控系统商业化还是很困难的，因为传统的DNA12伏启动用蓄电池不能为启动制动系统和转向系统的动力系统提供足够的燃料；但是汽车新的DNA具有了更高的电压的电气化系统之后，将有可能实现线控底盘带来的诸多好处。

无线互联

新的汽车DNA的另一项使能技术是汽车之间的无线互联。设想一下未来的汽车就像一个结合了车轮上的无线互联计算机技术的加大马力的驾驶平台，可通过GPS技术对这些车进行精确定位。它们具有感知周围事物的能力，将通过无线系统与其他汽车和路旁基础设施实现信息交换，它们甚至还能自动驾驶并智能避免冲撞。

这种联网个人交通工具与计算机互联网有很高的类似性。自从20世纪80年代初期诞生以来，个人计算机在外形尺寸上改进了许多，但是最终使其功能性得到巨大改善并大受欢迎的，还是因为它与基础设施（互联网）实现了连接。

汽车综合连接系统所需要的技术已经以商业化的形式出现了。当前的汽车远程信息处理技术系统，例如 OnStar、联合 GPS、数字地图、无线通信等技术使汽车具有了免提电话、实时转向导航、获取交通流量信息、远程诊断、在驾驶失控时向紧急响应机构自动发出冲撞预警等功能以及被盗车辆减速功能。与汽车联网同步发展的，还有基于传感器的功能。这些功能包括可以感知驾驶者不易觉察的物体并提醒驾驶者其存在性的盲点检测系统，以及维持汽车的侧向位置避免使其无意中驶入另外的车道中的车道保持系统。

当汽车具有了 GPS、数字地图和感应系统之后会取得怎样的效果呢？2007 年 11 月，11 辆自动驾驶或自主驾驶的汽车成功地在隶属美国国防部的国防先进研究计划署（DARPA）专为无人驾驶汽车举办的大奖赛——城市挑战赛上完成竞比。获胜车型见图 1—5。由于比赛规则之一是严禁使用通信技术（由于在军事对抗中易导致信息堵塞），汽车只能依赖于 GPS 和使汽车可感知环境和避免冲撞的感应技术。即使在这种限制条件下，四组车队仍然在基于传统汽车打造的模拟都市环境里自主驾驶完成了长达 60 英里的竞赛。

图 1—5　2007 年 DARPA 城市挑战赛的冠军得主雪佛兰 Tahoe Boss 自动驾驶汽车，该车由卡内基梅隆大学带领的小组驾驶

DARPA 城市汽车挑战大赛一般规模较大，成本较高。然而，也充满了无数机会去缩小汽车体积和降低电气化系统的成本。最终，小型化、规模生产的汽车能够接受自主驾驶增加的成本。

通过感应系统（例如雷达），汽车可感知附近车辆的位置和速度。其他的办法是与附近车辆实现无线通信和信息交换。车对车（V2V）通信基本上是一种基于 GPS 和无线技术的全面的物体探测传感器，它使汽车具有了“第六感”。在 V2V 的帮助下，每辆车可告诉相邻汽车自己的位置和行驶速度，并持续监测半径为四分之一英里的范围内车辆的状态。它使汽车具有“额外眼睛”可以看清所处环境并探知转角附近甚至是前面十辆车处的路面状况。V2V 通信系统原型已经证实自动安全支持体系统具有如车道改变报警、盲点检测、紧急制动、具有自动制动功能的前冲报警以及交叉口冲撞报警等功能。这些功能表明汽车具有优良的性能可避免受到极端天气状况的影响。

感应系统和通信系统都有利有弊。感应系统提高了硬件质量，但也增加了汽车成本，而且汽车在能见度较差的环境里可能无法感知物体，或者无法感知在其视野范围以外的拐角是否有车靠近。然而，如果依赖通信系统则要求附近有其他车辆或物体，并且能将信息反馈回来。同样，这两种方法可以互补，二者联合起来能提供最经济、最有效的解决方案，以适应现实环境中的长途行驶。图 1—6 展示了现行的基于传感器的冲撞避免方法同未来的结合了无线通信和感应系统带来的低成本多功能安全体系方法之间的对比。

在未来，更复杂的汽车之间以及汽车和基础设施之间的通信将有助于实现自主和协作驾驶。通过 GPS 技术将实现对汽车的精确定位，而通过感应系统和无线通信系统的组合则能感知汽车周围的物体。它们也将可以与路旁基础设施互联，甚至能自主驾驶。通过无线互答器，这些自主驾驶汽车能感知周围环境，并能避免冲撞或将速度降至最低以使冲击不会伤及行人、骑自行车者和驾驶者。应答器（通用汽车公司已经设计出一种原型）体积继续缩小到能安全地放到口袋里。手机大小的应答器可被行人或骑自行车者随身携带，提高行人在道路上行走或骑车的安全性。这种性能能消除会造成人身伤害或财产损失的大部分汽车冲撞（图 1—7）。

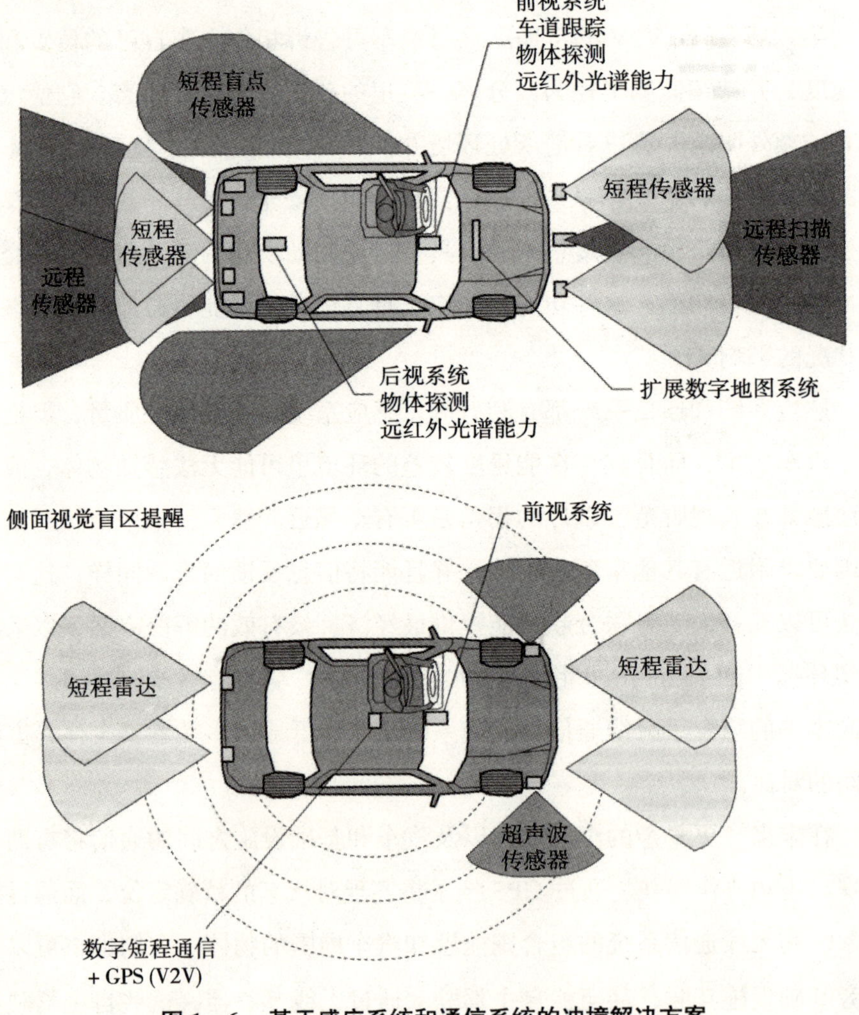

图 1—6　基于感应系统和通信系统的冲撞解决方案

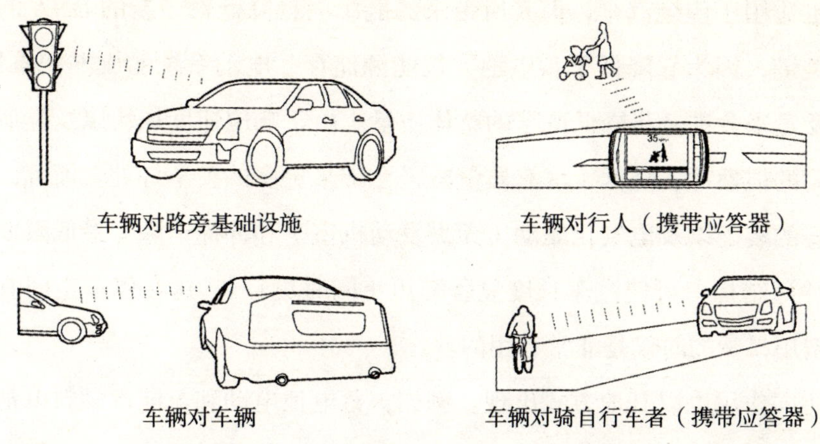

图 1—7 V2X 包括彼此之间通信良好的汽车（V2V）、路旁基础设施（V2I）、行人和骑自行车者（V2P）

电气化系统和无线互联系统之间的协同作用

电气化系统和无线互联系统可分别带来无法估量的可持续发展的利益；当两者结合在一起时，利益会越发明显。电气化系统可使汽车快速响应并精确启动，而无线互联系统提供对环境的感知。这两者以强大的信息处理功能为基础，联合在一起使汽车具有的新的 DNA 比目前的汽车的 DNA 在感应—处理—启动系统上性能更优越。这提高了汽车设计阶段的效率，并可使未来的汽车行驶表现得更像自然界高效的生物集群的迁移。

无线互联与零冲撞性能带来的设计使汽车有更多机会节省成本和空间，因为它没有必要去满足传统汽车相同高速冲撞所需要的条件。由于仅需支持一个适当的推力系统，所以在体重上已经有所减轻的结构还可以再精减，如果他们不要求具有所有传统的冲撞避免功能。如果消除安全考虑因素，它可能在质量上减轻超过 20%，燃油节省超过 10%。尽管这种质量减轻也适用于传统汽车，但其所带来的能源消耗降低对于新的DNA的运行更关键，因为它降低了蓄电池、氢能源储存、电动系统的成本和质量，而这反过来会进一步降低汽车的整体质量。由于响应速度加快以及类似车型之间的惯性冲击降低，汽车质量减轻会带来更多的安全好处。而且，负荷减轻的装配以及电气化驱动（无需发动机室）和冲撞消除（最低限度的前端冲撞结构）可使汽车长度显著缩短（同时更轻），这在停车空间有限而且费用昂贵的时候是非常有用的。

协同作用也以其他方式出现。例如，蓄电池电动和氢能源燃料电池电动车面临的一个挑战是一开始附近的充电站和氢能源加油站十分有限。无线互联可以提供给驾驶者关于周围是否有氢能源加油站和蓄电池充电站的实时信息，由此在提高电动车需要和使用的舒适度方面具有十分重要的作用。

我们现在已经十分清楚无线互联可使交通流变得畅通。易通收费系统（EZ-Pass）减少了停车和启动的需求。交通灯协调的计时系统是智能基础设施会带来好处的另一个例子，因为不停有迹象表明它降低了停车频率，提高了平均速度，并使燃油节省增加达10%以上。

无线互联系统所带来的对驾驶时外部环境更敏锐的感知度，在提高交通畅通率、降低事故发生率、减轻空气污染和能源消耗方面具有巨大潜力，这些因素息息相关。冲撞发生的降低可提高交通畅通率，减小冗余损失并提高能效。无线互联和智能系统所带来的能源效率的改善可进一步降低氢能源储存、燃料电池和蓄电池的大小、重量和成本。

通过无线通信技术，汽车也可以排成队列，彼此之间维持稳定、紧密的间隔。加利福尼亚大学伯克利分校在20世纪90年代进行了试验，结论表明，通过降低牵引系数（多达25%）和暂态运行，当行驶间距为10米时

（约为两辆车的长度），能效可提高 10%~20%。汽车可以作为一个系统同时行驶，但是驾驶者仍然拥有自由行驶的权利，使汽车彼此之间的距离保持在自己希望的范围以内。

队列自动控制系统也允许一种新型的汽车模块化模式。例如，与传统的小型家用轿车相比，两辆更小的两人座汽车可以给人们带来更大的出行自由。与总体尺寸相同的一辆更大的汽车相比，两辆更小的汽车也更容易找到停车位置。

而且，无线互联可使驾驶者了解更多道路前方的事物，这可以节省燃料甚至是传统汽车的燃油。在城市环境中，大量燃油被消耗在找寻停车过程中，获取有空位的停车场的信息有助于减少不必要的驾驶，并减少无用里程的行驶。实时了解道路交通状况也可使驾驶者提前预知正常路线沿线的交通拥堵状况，并及时给予驾驶者选择可替换的、更快的路线的权利，并避免交通堵塞。这种报警出现得越早，燃油节省空间则越大。对于燃油能效已经很令人满意的电动车，其燃油节省具有更大的改善潜力，因为能源在蓄电池、电动机（发电机）或燃料电池之间的转换具有更大的灵活性。例如，如果汽车有一个导航系统，当它在回家时，或者爬行上山并随后需要下山时，汽车的推力控制系统允许蓄电池电能比其他情况下有更大的消耗，因为汽车的蓄电池可以在家里或下山以后很快得到充电。

无线互联可以通过改善交通流量畅通率节省燃油。而且通过将当前的驾驶性能与前一个月的驾驶记录或正在类似路线上行驶的其他车辆的驾驶性能进行比较，由此得出的如何使驾驶更有效的反馈信息也能提高燃油节省率。这两种方法都可以使能效提高至少 10% 以上。

总的说来，电气化系统和无线互联可通过使行驶效率更高、行驶路上情况变动更少、操作更简单、停车更方便为个人提供更大的出行自由，并带来更个性化的驾驶体验。通过使交通流量更畅通，交通拥堵更少，使出行时间更容易控制，并提高平均速度和能效，为电动化驾驶、蓄电池驾驶和氢能源储存带来更多好处。电气化系统和冲撞率较低的汽车使设计具有更大的拓展空间；反过来，这些技术使更小型化、轻型化、能效更高的汽车的实现成为可能，并最终具有大众化的购买能力。图 1—8 列出了根据定性研究方法得出的电气化系统和无线互联系统所带来的协同效率改善的简要分析结果。

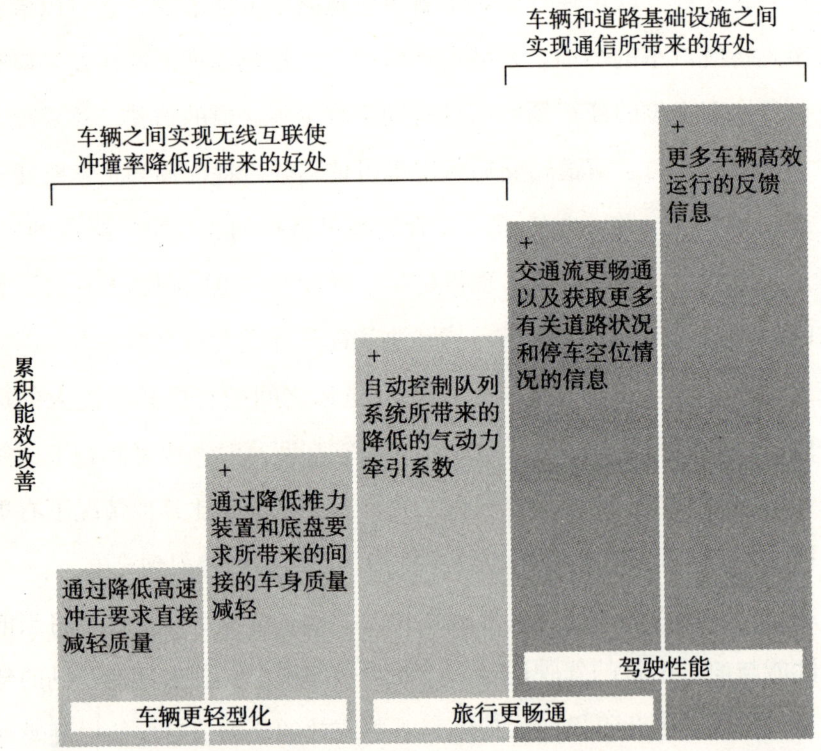

图 1—8　电气化系统和无线互联系统之间的协同作用所带来的能效改善

新兴的个人交通工具革命

随着数字化革命的诞生，个人交通工具的革命将通过大量新兴技术的融合来实现，而不是靠某个单项技术创新。因特网没有给予某个制造商优于其他制造商的优势，而是联合所有的计算机提供更多功能，这个道理同样适用于现在这种新型的智能型个人交通工具网络。这种系统所带来的汽车新的DNA将使汽车驾驶具有更多实用性，也更具享受性，同时使未来的汽车更时尚，能理想化地彰显驾驶者的身份并表达驾驶者的情感。

重要的是，新的DNA使汽车行驶方式从单一的点对点变换成整体网络上的一个节点，这个节点集合了交通流量、各种信息和能源。从彼此独立运行、主要靠机械设备驱动转变成电气化驱动，车辆之间无线互联，其在运输历史上的重要地位可堪比100多年前从马车到发动机驱动的机动车的转变。

设计革命的契机

为了实现大规模生产，未来的汽车必须成为外形美观、驾驶舒适的新型理想产品。没有人认为iPod是一种微型化的家庭影院，也没有人会觉得智能电动车只是一个令人沉闷的“回声箱”。为了使效率达到要求的水平，汽车需要将架构从移动车辆尽快转变到基于我们所介绍的DNA的固定设施架构上来，充分利用机会使其小型化并使硬件设施更轻型化，尽可能开发无重量的软件，并组合系统以消除不必要的设计。正如我们已经看到的，这种新型架构的主要推动因素是电气化系统和无线互联。它们增加了使用新型材料和进行细节设计的机会。具有这种新型架构的汽车所使用的材料要少得多，并且裸露面积更小。使用轻质、高性能但更昂贵的材料也因此变得可行。喷漆金属板将不再是必要条件。

新型架构为设计者的创新提供了机会。当产品在激烈价格竞争的条件下快速发展、进行严格管理和营销时——如同今天的标准型汽车，进行较大的设计创新的机会是很有限的。将它们的外观设计得美观需要心思灵巧，技能熟练，但也使变动更明确、更完善。当一种更激进的新型架构出现时，则为开发未设想到的技术解决方案和组成带来机会。随着汽车 DNA 的二次革命，我们具备了对汽车设计进行革命的条件。

电动滑板概念车

我们提出的新型架构的关键特征是电动“滑板”，通过以新颖方式消除传统发动机、传动系、蓄电池组或氢能源燃料电池衍生而来。

无马拖车用燃油箱、发动机和机械传动系统代替了原来的马拉式，并用机械和液压控制取代了原来的手柄。今天的混合电动车和蓄电池电动车基本上保持了相同的汽车架构，但是加入了蓄电池和电动马达。尽管这些使开发和制造成本不断降低，最终结果却使汽车外观大致雷同，不同之处主要在于燃料消耗量和尾管排气量。即使是用途特定的电动车，比如通用汽车公司的 EV1 无尾气环保电动汽车，也拥有与传统汽车相同的基本 DNA，比如保留了前置室（发动机）、仪表板（隔板）、脚踏开关、驾驶盘、固定座椅、水力制动和转向系统等。

在不远的将来，当蓄电池和氢能源燃料电池取代了汽油发动机的时候，汽车制造商将围绕电化学设备对汽车进行设计（就好像今天的汽车围绕着发动机进行设计，使自己回到了马车时代），这在实际中有什么意义呢？

电动车为设计者的设计带来了更大的拓展空间，因为与内燃机相比，它在蓄电池和燃料电池外形设计方面具有更大的灵活性。例如，它们的外形可以制成汽缸或箱形（可能是一个“手提箱”或是一个较长的矩形传动链条）的样子，这种灵活性允许工程师和设计者有更大的选择范围将它们设计在最佳位置，以改良汽车风格和汽车所有方面的性能。如果将这些电化学装置安装在底板以下，它们可提供一个平坦的“类似滑板”的底座，为外部设计带来清洁的外壳，因为在扁平的滚动底盘以上任何形状都是可行的，如图 1—9 所示。发动机和发动机室的去除使新的外形和构成比例的设想成为可能。通过将推力系统完全安放在底盘车架内部，我们可以使驾驶者在享受重心较低的汽车所带来的平稳性的同时，在座椅上感受到如同坐在 SUV 车上所带来的对道路控制的驾驶体验。

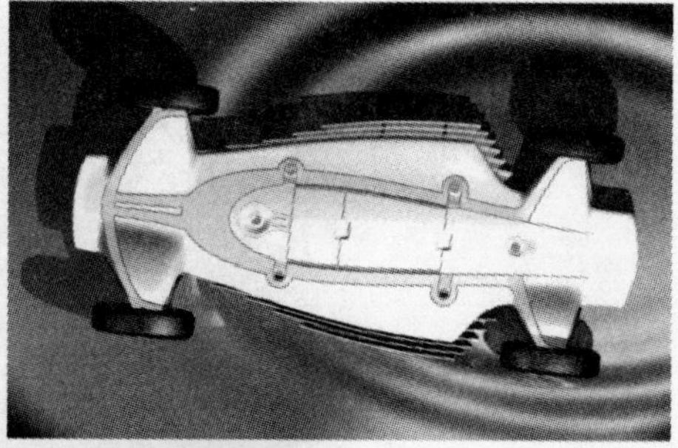
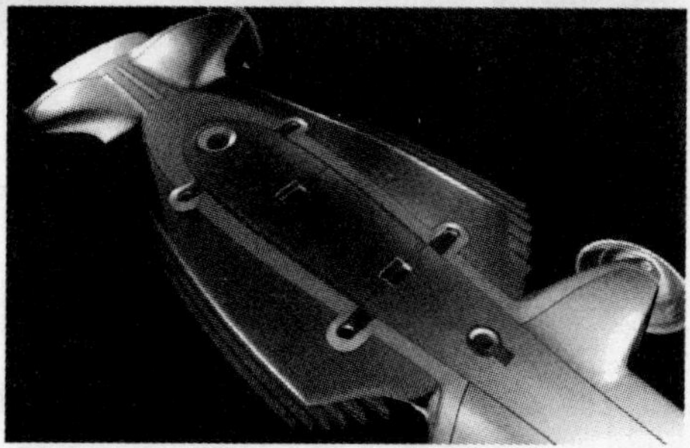

图 1—9 自主创新型概念车（AUTOnomy）滑板和车身

通用汽车公司的“自主创新型”概念车体现了汽车的电气化系统和滑板架构，但是保留了传统的四轮构造。滑板架构可以很容易扩展到其他车轮构造上，例如三轮车或自行车和小型摩托车所使用的串联式双轮（两个轮子成一直线）上。它也可以具有新的功能，例如折叠机械装置和平衡机，如图 1—10 所示。

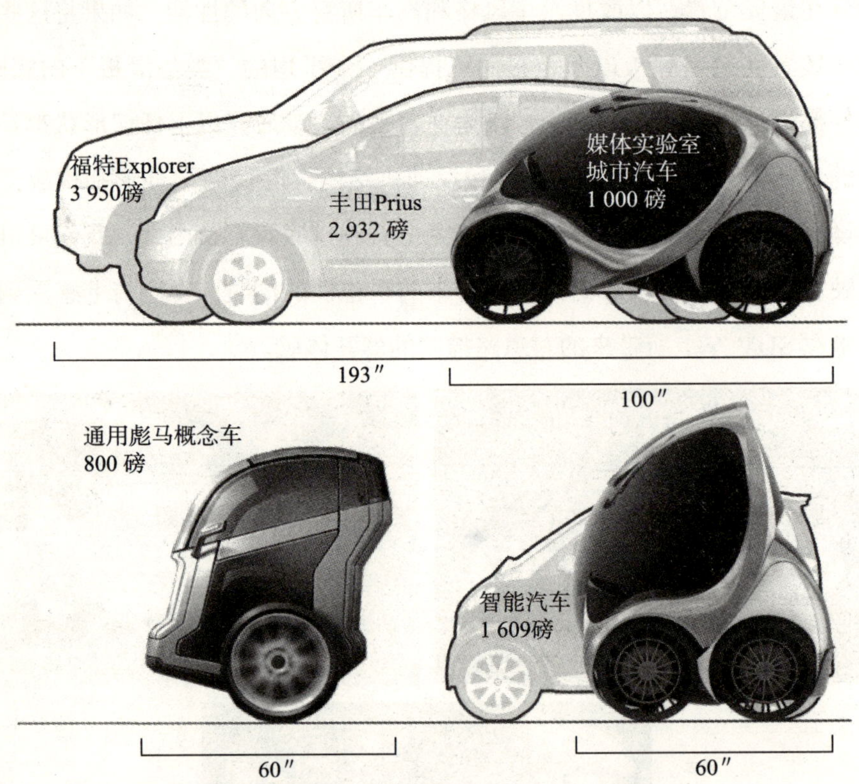

图 1—10　用于减轻行车足迹的折叠机械装置和平衡机

带线控系统的滑板车可以取消机械驱动转向柱和水力制动系统，它们被用于固定今天的机械驱动车在行驶过程中的驾驶盘和脚踏板开关位置（或者运用技术术语来讲，是人机界面），同时取消的还有过去 100 多年以来几乎没发生什么变化的内部设计。相反，线控电气系统可以十分容易地连接起来，如同移动计算机或电视机背面的线缆一样。这意味着有更多机会将操作控制与个性化设计结合起来。换句话说，如果一辆汽车让人联想到喷气式飞机，那么我们很可能希望它通过向前推动“驾驶盘”以及向内牵引制动来加速。一般说来，一辆运动型汽车驾驶者希望它的转向、制动和加速方式与传统的豪华型小汽车不同。到目前为止，做到这一点并不容易，但是在线控系统的帮助下，这种情况将有所改变。

在线控系统的帮助下，滑板车的另一个优点是乘坐舒适。今天的大多数汽车，后座上的乘客伸腿空间有限，而驾驶者也因为右脚必须放到脚踏板上而行动受限，驾驶盘就在司机前方，头部靠近汽车顶棚。线控系统可取消脚踏板，允许完全用手控制，使脚伸展和自由活动成为可能。发动机室的消除可扩大汽车内部的可用空间。

由于在这种构造中，驾驶者无需紧盯仪表板或发动机室，而且因为腿部没有必要再保持垂直（因为没有制动踏板开关），因此比现在的汽车更有可能取消前座椅的使用。座椅取消有助于降低汽车高度，为气动力设计和汽车新潮式样设计带来更多拓展空间。所有这些构想，以及使转向杆从原有的左手驱动设计变成右手驱动设计，都在 2002 年 9 月举办的巴黎世界汽车展（图 1—11）上引入的线控系统汽车上实现了。这辆汽车首次实现了将电气化系统和线控底盘集中在一块滑板底盘上，生动地展现了汽车内部空间再改造的潜力。

电动滑板为汽车车身外观设计提供了巨大的灵活性，但线控技术可提供更多设计空间。通过减少内部结构和滚动底盘之间链杆的数量，它允许汽车车身和滚动底盘与其他汽车车身和滚动底盘之间互换——这意味着升级或再构造变得更简单。

图 1—11　线控系统汽车的内部构造，可实现从左椅或右椅控制

当滑板车不需要进行设计以承受高速冲撞变形时，汽车也有许多机会对其结构、表面和玻璃进行再构造。例如，它们的车身可采用金属架构或带有轻型聚碳酸酯面板的复合式外壳构成，而不是薄金属板和玻璃。这些面板可能着上浅色或者采用玻璃料，减少光透和热传递。而且它们可以通过内置传感器、LED 灯、在明亮的光线照射下颜色会变深的光敏材料以及透明度可数字化控制的电致变色材料而动态地适应不断改变的车内环境。这使得对于加热和冷却系统舱室的依赖更少，因此使进一步减轻质量变得可能。

驾驶室内的安全设置，例如空气气囊、内部表面垫板以及座椅和肋板之间的固定装置可以简化或消除，使汽车重量进一步减轻。座椅可以更加轻型化，仪表板的大小可以缩小甚至取消。空调系统占用空间显著减小，同时能效更高，因为它们无需像在传统汽车上一样用来对汽车宽敞的内部加以冷却。

上车和下车的创新方式

汽车的基本架构确定了人们上下车的方式，你可以从两侧登上一辆标准型汽车。你不能从前方上车是因为汽车前部是发动机室。即使在一辆发动机后置的汽车里，一般也不能采取从汽车前部上车的方式，因为那里有驾驶盘和仪表盘挡着——只有极少数的例外，比如宝马 Isetta，它的驾驶盘和行车仪表盘都被安装在车门上。另外一个可能性是，由于明显的原因而在日常客车上很少看到，就是从顶部进入，如同进入一辆战斗机或赛车驾驶室一样。标准构造允许与墙成一定斜角度停车，但是要求留出侧面和后方间隙，方便进出和取物。它也允许与人行道平行停车，但是缺点是驾驶侧的门开口朝向交通流——因此乘客必须小心下车，以避免与迎面而来的汽车和自行车相撞。

由于这样的汽车没有中央发动机或电动机造成的不便，并用合作效率高的电子设备代替传统的驾驶盘和仪表板，未来汽车有可能实现从汽车四周出入（汽车四周有入口和出口）。然而，从四周出入将会增加汽车设计的复杂性、扩大成本和提高对空间裕度的要求。

一个更吸引人的方案是将前方出入和后方出入结合起来以方便乘客行李存取和应对紧急情况，如图 1—12 所示。当需要在街道上停车时，在汽车车长缩短和操作灵敏度增加的情况下，它可以做到汽车与路边成倾斜角度停车。侧面裕度空间可以是最小值。这使一条长度在规定范围内的路缘允许停的车比正常的平行停车多出 3 倍以上，而且不会增加停车区域的宽度。同时它提高了便利性和安全性，因为驾驶者可以直接走出车门到达人行道上。在车库和停车场里，车辆既可以斜靠人行道停车，这样将人行道和停车区域分隔开来，也可旋转使车在后部停靠从而使停车空间需求最小化。

图 1—12　从汽车前部出入

从前方出入的感受应该比进入一辆普通轿车更简单。这对老年人显得更加重要，因为人口在不断老龄化。到 2025 年为止，超过 1/3 的日本人将超过 60 岁，而在中国将会有 2.9 亿人年龄在 60 岁以上——相当于目前美国的总人口。在接下来的 10 年里，世界上年龄在 65 岁或以上的人口数量有望首次历史性超过 5 岁以下的人口数量。这样的老龄驾驶人群也将十分看重自主驾驶汽车带来的独立性，并降低对其他交通工具的依赖和需求。

再也没有任何理由让动力传动系统控制我们上下车的方式了。相反，我们可以依赖人机工程技术和城市设计开发新的汽车出入系统。

汽车再造革命

在发展的第一个百年里，汽车不仅仅为运输行业带来了里程碑意义上的变革，它更使我们的社会发生了发翻天覆地的变化。在第二个百年里，正如我们不断改造汽车以适应社会发展的需求，它们继续推动未来社会的发展。通过电气化系统和无线互联，我们将可能创造出适合城市居民的洁净、高效的“城市汽车”，适合青年人和老年人自主驾驶，并可大大降低能源消耗并解决汽车带来的环境污染、安全度降低和交通拥堵问题的洁净、高效的汽车。新的DNA将使我们的汽车变成运输、能源、信息和社交网络上彼此联系的一个节点，带来新的商业机会和契机，并刺激全球经济可持续性发展。

正如数字化革命一样，处于急速发展阶段的个人交通工具革命将通过一系列新兴技术的融合实现，而不是仅依靠某单一技术的解决方案。而且，如同因特网不会给某个个人计算机制造商优于其他制造商的机会而是使所有计算机联合起来发挥其多方面的功能一样，这个道理同样适用于我们未来的交通移动系统。这个系统所包含的汽车新的DNA将使驾驶具有更多现实意义、更富有乐趣也使每个人收获更多。

基于新的DNA的汽车将具有无限的市场潜力，因为它鼓励人们驾驶智能的、灵敏的、十分具有驾驶乐趣并渴望拥有的创新型汽车。它们的结构更精简，零部件更少，使得它们比今天的汽车和卡车更容易被承受。而且它们将更安全、更洁净并且能效更高。

Reinventing
the
Automobile

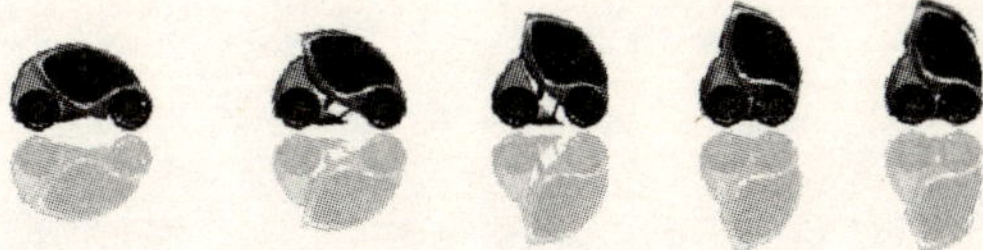

第2章

移动互联，自动驾驶

半个多世纪以来，要取得合格驾驶身份首先必须通过学习。它逐渐代表一种新的自由，使我们可以在需要的时候和喜欢的人一起到达我们想去的某个地方。在最近几年里，另外一种消费品具有了相同的地位：手机。年轻人对它的渴望如同他们后来对汽车的渴望：它能够提供随时随地与朋友保持联系的机会。

尽管通信技术（例如手机、数码产品、GPS 导航系统、MP3 播放器等）集成得到了快速发展，并使人们的沟通便利达到前所未有的水平，但是仍存在一个巨大的壁垒。这一点在驾驶的时候更加凸显出来。戏剧性的是，当手机带来的无处不在的沟通便利增加了汽车带来的个人移动自由时，二者相加后我们却得不到效果之和，因为手机的使用分散了驾驶者的注意力，并增加了事故发生的风险。然而，政府对手机使用的限制手段（例如规定驾驶的时候不许发短信和使用免提电话）却不太受欢迎，因为它们限制了我们在需要时的行动自由。互联网向智能汽车的扩展可改变这点（以及许多其他现存问题和局限性），它允许汽车和驾驶者通过路旁基础设施和中央服务器实现彼此之间安全高效的无线互联。

我们将这种演变称为移动互联网。如同我们今天所熟知的因特网一样，它可以实时地大范围传输海量数据，并协调人、汽车、货物的出行。汽车将变成车轮上的一个网络节点；它们将获取、处理、使用和交换信息，以支持在行驶中所要求的功能以及整个移动系统所提供的功能；而且它们像因特网的数据包一样，十分高效地从一个地方传送到另一个地方。

移动互联网有许多前身和先例。轮船、飞机和汽车都是无线互联技术的受益者——不论是广播技术还是双向技术。手机很快就会成为汽车的一部分。GPS 导航系统依赖于卫星无线网络，电子收费系统依靠应答器和读数器。系统，例如通用汽车公司的 OnStar 通过与服务中心的无线互联可提供安全、紧急事件响应、诊断和其他服务。然而，这些功能大部分都是独立于汽车设计的附加功能，没有它们汽车也可以正常运行。就好像今天的互联网变得十分普遍，移动互联网将逐渐成为以前互不干涉的数据流和服务的统一传送装置。汽车设计将采用和依靠车身智能系统以及复杂的移动无线互联技术。这些功能将使汽车并入到城市范围的网络计算和控制（NCC）系统中。这些系统可高效管理交通流、汽车行驶安全、停车空间、车辆队列和电源供给。

移动互联网存在两个截然不同但又互相影响的方面：汽车网络化计算和控制以及驾驶者的社交网络。接下来我们将依次进行讨论。

网络化计算和控制

在城市汽车和个人移动系统上实现网络化计算和控制面临着许多技术

性挑战，但是有效的技术解决方案正在兴起并趋于集成。

首要的也是最明显的挑战是，为大量地理位置分散的行驶车辆提供足够快速的、可靠的、双向的无线互联。一种可能性是利用现有的、基于用户的细胞网络，但是大规模的使用变得十分昂贵。近来更流行的一种可能性是创建**城市性网眼网络**，通过这个网络行驶车辆可实现彼此之间的无线互联，并随机利用附近的大楼和固定基础设施里的无线接入点。这种连接是短暂的而且是间歇性的，但是很便宜，它可以具备宽带网络速度，还可通过适当的协议和软件进行管理。

第二个挑战是信息的可测量性。从技术角度来说，它就是简单地使几辆汽车之间进行联系并收集车辆行驶信息数据。但是现代城市环境通常包括了数以百万计的车辆、智能手机和路旁探测设备，这些都有可能用于收集汽车、行人走动、当地道路和天气状况等信息。其结果产生了巨大的数据流——上亿的带有时间标记、地点追踪的检测读数，这些数据必须被传送到服务器，汇集到数据库中，进行检索和加工，并实时做出反应。普通的数据库技术不能很好地适应这项要求。

第三个挑战是整体分布式计算和控制。车辆接收和处理来自周围探测设备、其他车辆以及远程服务器发出的数据信息并做出反应。同时，服务器收到和处理分布在各处的车辆发出的信息，并将信号传回给汽车。所有这些必须形成个人都市移动系统有效的、高效的、实时控制系统。正如我们将在后面所看到的（第 7 章有详述），这种系统可通过疏通交通流以及对道路空间、停车空间、车辆和电源供需进行调控，实现更高的效率。

最后面临的一项挑战是，在实现所有这些功能的同时保留位置的隐蔽性。驾驶者希望获得网络化计算和控制系统带来的便利，但是他们不希望以牺牲自己的隐私为代价。幸运的是，这种担心是不必要的。如果签订了适当的个人都市交通工具网络化计算和控制私密协议，那么他们可以在不泄露位置隐私的情况下使用这些功能。

行驶时间和交通拥堵

对网络化计算和控制需求的出现主要是因为汽车不能脱离彼此而运行（在乡村道路上行驶的单辆汽车则是一个极端的特例）。沿着街道和公路行驶的过程中，它们逐渐汇聚形成交通流，而且这些交通流以复杂的方式互相穿越、分成区段，汇聚成一条行驶链。在理想条件下，交通流很通畅，但是当交通通行量达到道路容量极限时，伴随着干扰的发生，它们的性能变得混乱和不稳定，会走走停停、行驶周期短，并最后导致交通堵塞。

对于人工驾驶，使汽车以最佳速度行驶并使彼此之间维持最佳距离是很难解决的一个问题；因为人所具有的信息处理能力有限，容易分心，而且从心理学的角度来讲人的反应是复杂的，有时甚至是不合理的。随着对车道合并和改变、交通路口协调、未来障碍的响应需求的增加，这个问题被扩大化了。

对交通流的广泛研究表明，即使是细微的变化和干扰也可导致冲击波在数十英里的交通流里来回传送，在交通堵塞的时候这个问题尤其明显。当交通堵塞出现的时候，情况只会越来越糟糕，因为车辆太多，而通行道路太狭窄。混乱秩序既浪费时间，也白白浪费了空间和能量。这种情况也是十分危险的，易导致交通事故、人身伤害甚至死亡的发生。

交通堵塞造成的时间负荷一方面是由额外增加的行驶时间造成，另一方面则是由于它所引起的路程长度的不可预计性造成，这意味着在路程估计时间中要考虑到多出正常行驶时间的"缓冲"时间。如图 2—1 所示，在高峰时段行驶的时候，人们通常要将时间预算成无拥堵条件下的行驶时间的2倍，其实据统计在高峰时段的行驶仅需要多花费50%的时间。

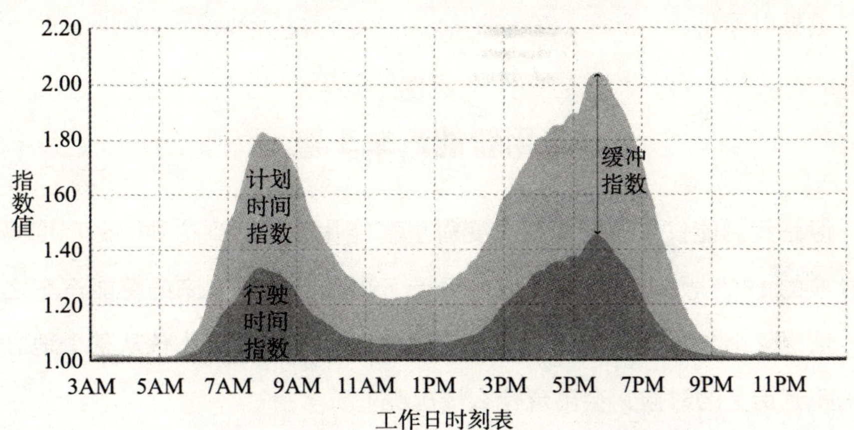

图 2—1 行驶“缓冲”时间预算

公路设计

网络化计算和控制能解决造成交通堵塞的根本原因，以使交通流得到更有效的控制并避免甚至消除交通事故吗？它能优化交通流以减少这种临时状况及其造成的浪费吗？最有效的方法是充分利用电子设备和软件模拟蚁群、羊群，或者对繁忙的交通路口的行人进行仿真。

东京涩谷的十字路口可能是世界上最繁忙的人行过道十字路口，但是在过马路的时候很少发生人员冲撞，即使是在行人拥挤到覆盖整个路面时。在三维视图里，人们发现蝗虫可以成群行走而彼此之间不发生任何冲突。这些例子表明，在自然界存在着感知、处理和激发能力能避免人类通常会发生的冲撞和交通事故。

通过使用更灵敏的探测器、增加的通信和处理带宽以及更精准的启动能力，未来汽车将以类似方式实现自然界可以达到的效果。通过使用日益精准的 GPS 和其他定位技术、车身探测和无线通信技术，街道和道路将配备得更具电子化。

专用智能汽车车道

但是我们能仅仅通过使汽车变得更智能化就可达到这种协调程度吗？当经典的 1950 版的克尔维特（Corvette）出现在这些未来的智能汽车之中时，情况又会怎样呢？或者当前方有薄冰时，又或者有小孩从某个地方窜出来跑到街上的时候，会出现什么情况呢？

这许许多多的场景反映了要求交通工具按类型分开行驶的现实，至少在短期内是这样要求的（图 2—2）。各国政府越来越重视这个问题，并创建了专用车道，有的安装了物理缓冲器为骑自行车者带来更多额外保护，免受汽车的伤害。也可为汽车（高乘座率车辆 HOV 或高乘座率收费车辆 HOT）或其他形式的交通工具（例如，快速公交系统 BRT）设立专用车道。阿联酋阿布扎比马斯达（Masdar）生态城市做出了更多表率，它引入了个人快速交通（PRT）的专用铺设和格状网络。然而，这种车道分类带来了好处的同时也有不利的一面——需要更多的道路空间，这通常是不现实的，而且这会增加交通路口的复杂性。

在专用车道或专用区域里，智能汽车可使用电子设备在靠近前进行鉴别和身份认证。这样，它们可以通过物理缓冲器避免受到其他道路使用者的伤害。这些车道可能使环境更具有局限性，更不可控制，但是它拥有专门的电子基础设施，甚至是道路再充电区间，详见第 5 章的论述。随着时间的推移，道路上智能汽车所占比例也在增加，智能汽车专用车道的数量也应增长，而传统汽车的行驶车道数量则相应下降。

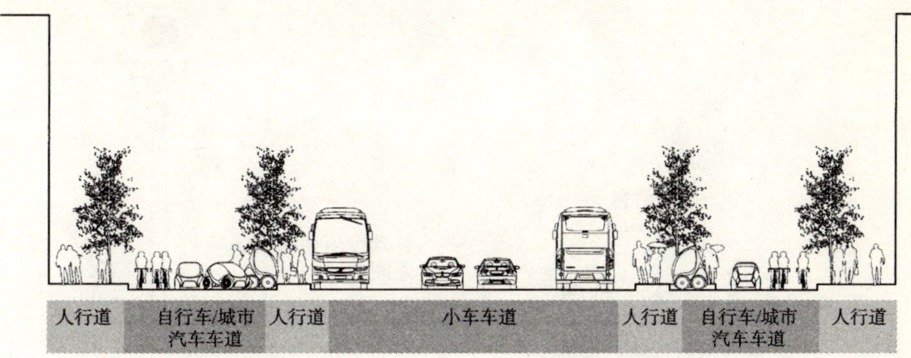

图 2—2　城市街道，道路根据行人、骑自行车者、轻型汽车、轿车和公交车进行了分类

报警装置

如果探测器和通信设备可设置在路旁的关键位置，例如交通路口或容易结冰的地点，那么可消除许多交通事故。例如，美国检测数据表明，每年由于驾驶者误闯红灯（由于偶然的注意力的分散）以及由此导致的交通事故所带来的经济损失达 30 亿美元。如果交通路口将信号传递给驾驶者并通过实体报警提醒驾驶者距交通路口前方约 200 米处出现了红灯（或者有停止标识），这种交通事故就是可以避免的，如图 2—3 所示。如果驾驶者忽略此信息继续前行，那么会发出声响报警，以使驾驶者有足够的时间紧急停车。

安装在交通路口或汽车内部的应答器也可直接出售给行人、骑自行车者、摩托车驾驶者。正如前面所提到的，这些应答器大小和手机一般，可以将其的存在无线报告给汽车，并消除冲突或降低冲突的严重性。这可以显著减少因为交通事故而引发的人员伤亡，如图 2—4 所示，这些事故的受害者是没有什么自我保护能力的道路使用者。

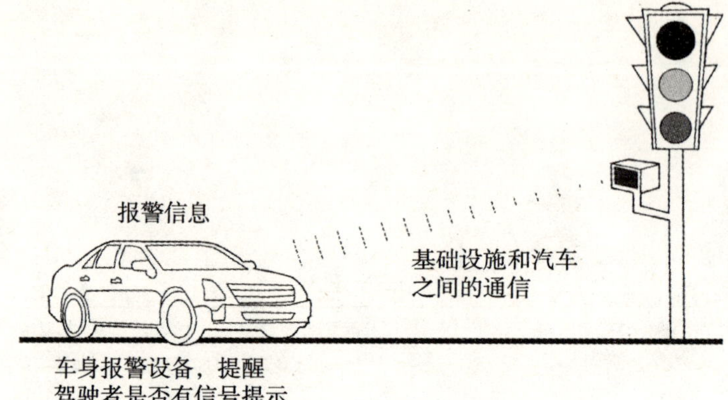

图 2—3　基础设施—汽车（12V）之间的通信可提高道路安全

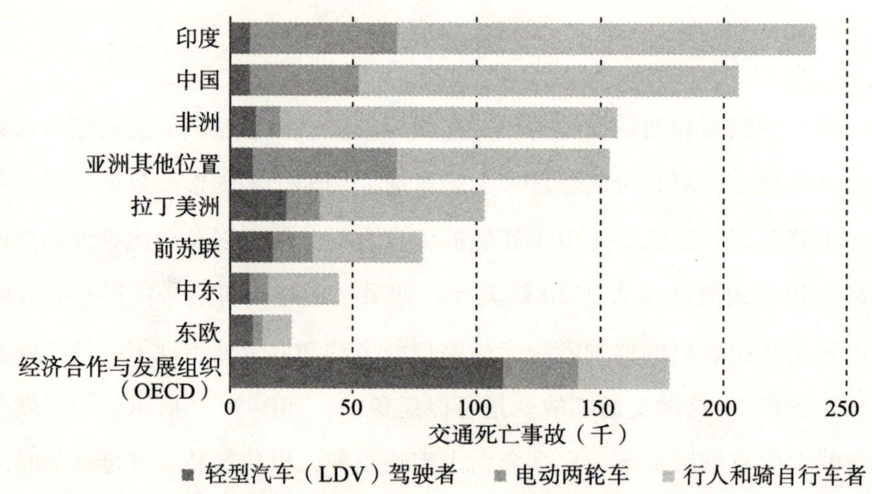

图 2—4　各种道路条件下交通导致的的死亡事故

基于定位技术的服务

网络化计算和控制也可实现许多有价值的基于定位技术的服务。例如，它可以使停车位搜索变得简单。停车场的探测器可实时监控停车空位信息并将此信息报告给附近行驶车辆。这不仅会减少驾驶者的烦恼，也可以使汽车通过迅速驶离路边将车停驻而降低交通堵塞率。而且，它为复杂的停车位定价和分配系统提供了基础。

街道和道路上不同类型的探测器可实现对交通流量的监控（这类信息也可通过汽车内部的导航系统得到），从而为利用动态道路定价机制减少交通堵塞提供了基础，这点将在第 7 章进行详细阐述。

网络化计算和控制也可对新的、可能更公平的汽车保险方法起到支持作用：在对所处位置进行适当隐私保护的前提下，根据实际行驶里程和性能记录来收费。另外，这种实时追踪记录也会促进自动化交通法规的实施，这一点在目前颇有争议。加速记录、亮着的停车信号灯等都可被探测到，而且也可自动收取罚款。

各种移动系统的电子化集成还可带来更多好处。例如，这可通过出行安排和协调使高峰时段的出行变得更容易，从而提高公共运输系统的效率。它允许驾驶者在驱车前往火车站的时候，能了解不断变化着的交通状况信息或列车时刻表的延迟，并因此能相应地合理安排出行计划。这可以改善时间管理，减少紧迫感。

重新利用马车时代的智能

在第 1 章，我们会看到新的 DNA 将使汽车脱离马–车箱架构，也不再根据“功率性能”评价其优良性。然而，这种经过革新的汽车以一种很深刻的方式使人们联想起了骑马和马车时代，那就是它的智能化特征。

过去西方人招唤牛仔牵来马匹供他起身落座，然后驱马到达他想去的地方，有时还可以在马鞍上熟睡一会儿，这种情景表达了在汽车统领时代已经被遗忘的一种较有影响力的观点。在20世纪，驾驶者需走到汽车面前，打开车门入座，然后进行操纵引导汽车到达目的地。汽车新的DNA拥有自动驾驶功能，并允许驾驶者对停驻的汽车进行遥控使其主动行驶到主人跟前。和马一样，新型汽车甚至能把驾驶者送到理想的目的地，然后离开自动找到停车位置。

我们通常不记得找寻停车位以及随后走出停车场需要花费多少时间。据一些研究估算，在人口稠密的都市环境里找寻停车位的时间需要8分钟，这使本来就很缓慢的门对门汽车行驶变得更费时，而使公交快速系统（BRT）普遍成为出行路程超过5英里时更具效率的选择（如图2—5）。而且，在拥挤不堪的都市驾驶环境里，很明显一部分燃油会耗费在停车位的搜寻上。我们将使无线互联（查找最近的停车空位信息）和自动停车功能（使汽车自动行驶到最近的停车场）集成起来，达到省时节能的目的，并为个人和社会创造更多利益。这也能促进这些汽车的商业化。

电子设备个性化

人们驾驶的时候感觉将生命握在手中，当然，这并不是每个人在任何时候都有的感受。当交通变得更拥挤、道路修建的完工看起来遥遥无期的时候，伴随着驾驶带来的乐趣也在减少。许多年青人非常重视交通工具所能带来的自由，但是驾驶体验给人带来的满足感越来越少了。日本的汽车销量一直在下降，因为日本人口趋于老龄化，而年青人对购买这样一种停车耗时、在路上大部分时间只能缓慢前行的产品没有多大兴趣。我们要怎么做才能增加驾驶带来的舒适感受呢？在自主驾驶下，要怎么做才能使人们享受到汽车这种奢侈品给人们带来的更多高级体验呢？这个问题可能更重要。

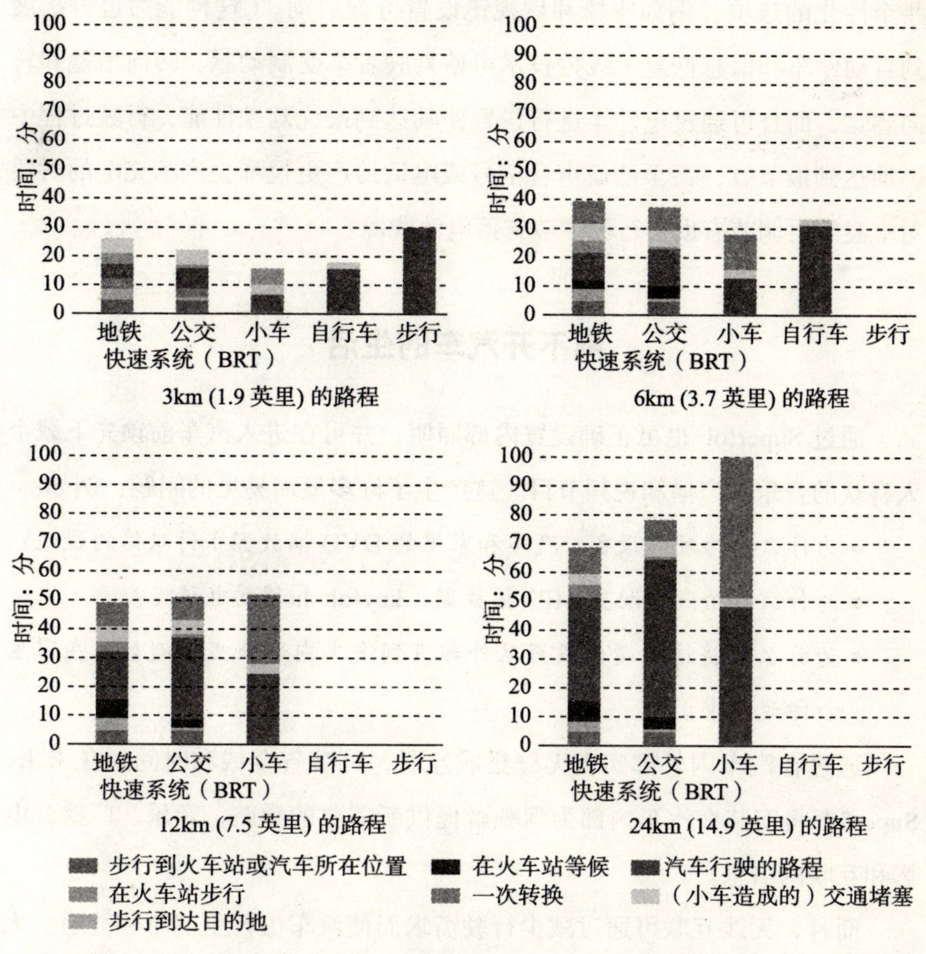

图 2—5　不同的门对门运输方式模拟试验所花费的时间

无线互联和智能系统不仅能使人们获得更多外部环境信息，优化交通流，减少路上行驶所花费的时间，而且还可以通过电子设备个性化增强驾驶者与乘客和汽车之间的互动。现在，可在汽车中通过免提方式使用蓝牙电话，但是在不远的将来，通过下载各种汽车设置到“Superfob”或手持设备可更充分地利用无线远程控制系统。并且，随着驾驶者走近汽车，这些个性化的选项，例如座椅和后视镜设置可被启动。（这种能力也可扩展到自动停车和信息恢复）线控技术可使驾驶者享受制动感、转向增益和转向感觉，而且可通过电动车进行设置使其达到最优驾驶性能，行驶过程中燃油达到最节省，甚至能使声音信号或电话铃声更悦耳。汽车充电的时候对室温的再调节有助于行驶中节省蓄电池能源。

离不开汽车的生活

通过 Superfob 也可正确设置内部照明，并可在进入汽车前预先下载个人喜欢的音乐、广播和视频节目。这产生了许多显而易见的问题，例如：

- 为什么要为硬件设备（汽车和家里的 DVD 播放器）付双倍的钱呢？
- 为什么要给汽车配置 MP3 播放器、keyfob 和移动电话呢？
- 为什么要将这些硬件设置从外部带到汽车内部来呢（例如，在家里打印说明书）？

通过在汽车内外部实现无缝集成互联，可节省金钱和时间。在未来，Superfob 将安装在汽车内部为驾驶者提供所需要的导航、音乐、广播、电影和互联网信息。

而且，无线互联可通过减少行驶需求而使汽车出行更节时和舒适。无线互联提前预知空位信息可弥补低效率停车所带来的麻烦，这是一个典型的例子。另外一个例子是当你开车到一个商店，结果却发现它已经停止营业或没有你要买的产品时，车内的无线互联设备可帮助减少这些无用路程的可能性，就好像今天的人们利用电脑在网上购物一样。

新的驾乘体验

在未来，通过使用自主驾驶技术（如第1章所阐述的），汽车驾驶者可在驾驶和乘车之间选择。这两种体验都可以改善。如果驾驶者选择“控制车轮”，那么他所驾驶的汽车具有许多低速扭矩，并可像喷气式飞机一样加速。车轮上的马达也可使汽车在横向行驶或位于十字路口时的最后一刻进行急转弯，或可在极狭窄的地方转弯——从停车场出来进行急转弯（第4章将有更多这方面的内容）。转向感和制动感可根据驾驶者的偏好和道路状况进行个性化设置，因此，在经过一段崎岖不平的道路时，通过转向柱可消除震动。**就好像人们通过付费方式下载个性化铃音到手机上一样，以后也将有可能实现个性化的电力驱动声响，因为不会再有引擎的咆哮声。**

如果驾驶者选择“自动驾驶仪”模式，情况又会怎样呢？如果汽车的运行环境被适当地启动了，这将是可行的。记得安装在汽车内的Superfob吗？它给人们带来了很多资讯。当人们在驾驶的时候，诸如导航显示、距离目的地还有多远、驾驶速度、最近的加油站所处的位置等都可以显示出来。当人们在行驶的时候，这些信息可移动至后台运行，以使其他信息得到显示。如果“驾驶者”想放松一下，那么他可进行网络冲浪、看一场电影，或欣赏一段Tivoed录音。驾驶者汽车在行驶的时候可能想对没做完的工作进行紧急处理，或者给某个商业伙伴打电话，或者在最后一秒改变主意驱车前往那天早晨她必须出席的演讲现场，又或者可能想先去吃一顿简单的午餐以及补足一下睡眠。这种感觉就像在一辆出租车里一样——只不过没有司机。

图 2—6 显示了一些由于自主驾驶所带来的新的驾驶体验。左边的图是从左椅进行控制的，中间的图是免手工操作的。右边的图，控制是从右椅进行的。

图 2—6　自主运行所带来的新的驾驶体验。根据需要从左边控制转换到右边控制

某些类型的驾驶者，例如，酒后驾驶者，因身有残疾而使驾驶能力受限者以及反应较慢的老年驾驶者，不应掌握方向盘。目前，他们唯一的选择是接受个人出行的局限性，否则会给他们带来危险或驾驶产生的任何其他伤害。自主驾驶所带来的另一个好处是，使用这种个人交通工具的驾驶者获得了更高的安全保障。

方向盘上的社交网络

从社会联系的角度来说，传统汽车只是车轮上的一个独立的房间。它允许在车内进行交谈和人际关系互动，但是独立于其他封闭车内的驾驶人群。换句话说，它严格地武断地使社交群模块化了。

现在来设想一下，一个有着父母以及两个孩子的典型家庭。假设他们收入有限，而且目前只买得起一辆车。这个家庭里只有一个成年人一周需要使用汽车一次，而其他人需要求助于其他的交通工具（步行、自行车、出租车、公交、火车等）。汽车使用者可以使用的汽车空间比他实际需要的更大，因为它至少可以乘坐四人，但是可能实际只乘坐了一人。这意味着更高的燃油成本，以及加大了找到有空位停车场的难度。一辆更大更重的汽车也会通过排放更多的温室气体、消耗更多的燃油、对没有什么保护能力的道路使用者产生威胁等，给社会制造了更大的负荷。

现在，设想一下移动互联网是怎样改变这一点的。每位家长拥有一辆小型的两人座蓄电池电动车（如第 4 章所描述的），他们加起来所需要的成本大约和一辆传统汽车相同。现在父亲和母亲每周可以外出一次，前往某处迎接某位从未见过面的客人或者去超市购物。这类单个汽车的停车都比一辆大型汽车容易。在家人想一起外出的周末或晚上，这两辆小型汽车彼此可以通过无线互联，看起来就像一列虚构的火车一样，汽车在路上行驶留下的车轮痕迹和一辆大型 SUV 驶过的车轮痕迹类似（可以认为这么小型的两辆车之间前后隔着较小的距离或并列行驶）。这两辆车不但可以同时行驶，也可以在需要的时候脱离彼此运行（这和目前的情形不一样——四个家庭成员去任何地方都必须一起去）。这四个人之间的交流和互动又会怎样呢？可能会有所改善。通过车内的网络摄像机和一个显示器，这四个人能够面对面地交谈，这在今天看来是不可能的，因为驾驶者在行驶的时候必须面朝前方。

这为驾驶者在行驶路上在同一时间内和任何人主动联系创造了可能。你可以开车四处闲逛，当到达距离某个朋友非常近的地点时，你可以通过视频电话并安排一次见面或商量一起去某个地方小聚一下。这和当你在立体酒吧时它告诉你“好友”在线一样。

移动和沟通的一次革命

将汽车看做是一件彼此独立运行的产品，就忽略了汽车的实际运行过程中的真实作用。例如，和明确规定能效等级的冰箱不同，汽车的效率取决于出发地和目的地之间距离的远近，而在通畅的公路上行驶的汽车能效可能超过交通堵塞时的能效。无线互联是协调汽车行驶、优化有限空间里拥挤的交通流以减少能耗、污染物排放、交通瓶颈和交通事故的关键所在。

无线互联也可以让人们省出对很多人来说很宝贵的一样东西——时间。例如，当驾驶者获取了充分和及时的交通信息时，他们可以减少行驶路途，使行驶更具有计划性而不必那么紧迫。当汽车能够自主行驶的时候，价值命题被进一步扩大化了。因为这允许驾驶者从驾驶中释放出来，让他们尽可能做想做的事情。他们可以休息、工作、娱乐或者和朋友联系。

为了使21世纪的个人出行更便利、更高效以及具有更久的持续性，需要对交通基础设施进行更新，这不仅仅是维修道路和桥梁，以及设置更多的通行车道。相反，它要求增加一些新的基本功能——移动互联网可以实现的功能。

从商业的角度来看，移动互联网开创了一些有趣的可能性。与传统电动车相比，小型的智能电动车在许多方面更像一个具有网络功能的电子消费品，比如具有代表性的桌面电脑、智能电话和iPod。它们小而轻，相对来说比较便宜（尽管利润还有提升空间），而且还具有高端电子和软件功能。通过移动互联，它们可以使用许多有价值、基于计算的服务：交通流的通畅，交通事故的避免，到达目的地的高效、可靠的导航，停车场的定位，汽车的按时按需供应，城市指南，说明性的、按区域划分的广告，以及其他。除了提供这些基本的具有可流动性的服务外，具有无线互联功能的轻型的电动车将更像今天的智能电话，其充当由创新型的第三方开发人员提供的所有类型的“应用软件”的工作平台。

没有人能精确预计互联网应用的所有方式。同样，我们可以确定人们将珍惜移动互联网所能带来的自由，并且创造出新的互联应用方式以延长人们的寿命。

Reinventing the Automobile

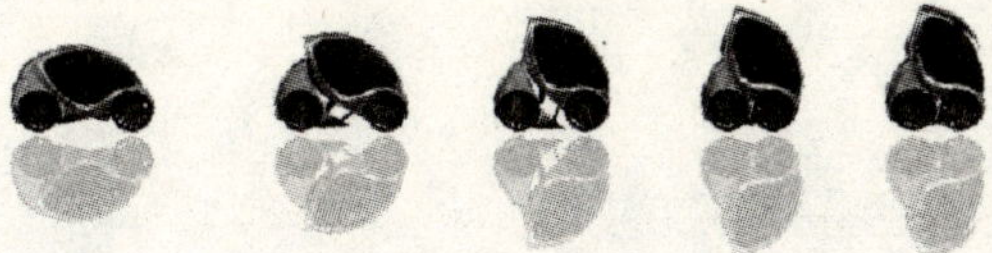

第3章 使用洁净智能的能源

汽车需要能源以驱动车轮行驶。能源从何而来，如何将能量传到车轮，沿路浪费的能源有多少，有什么副作用，以及造成的直接成本和整个社会的成本有多少，这些问题都很重要。

在本章中，我们将阐述汽车车轮动力能源从汽油燃料替换成电能所带来的好处，并探讨这种方案所必须予以解决的实际性问题。

汽车燃料的不利影响

汽车车轮所需要的动力能源成本一直以来都是令人关注的热点问题。从 20 世纪初期到现在汽车快速发展的原因之一（特别是在美国）是加油站汽油燃料的低廉价格，推动了大都市以及广泛的人口密度较低、适合于小型车辆行驶的市中心外围地区的发展。如同近期的汽油燃料价格增长所显示的，这反过来扩大了能源增加效应。当能源价格上涨的时候，汽车在城市的运行成本变得更高，其效应贯穿整个经济生活领域：个人出行受到更多限制，人口密度较低的市中心外围地区变得不再那么有吸引力；城市边缘地区的房地产价值呈下降趋势；过去经常寻找处于郊区的价格相对较低房源的低收入家庭受到明显的影响。

然而，靠内燃机里的汽油燃料供给能源的传动轮的一个主要不利影响是，这个过程不仅会产生局部空气污染，而且会产生造成温室气体效应的二氧化碳的排放。近几十年来，在减少汽车尾管所造成的局部空气污染方面已取得了较大进展，但是二氧化碳排放问题已日益成为需要迫切关注的重点。通过创造刺激手段来降低对汽油燃料的依赖性，税收、外壳以及碳供应方案已成为降低二氧化碳排放的长期方案，但是从短期来看，它们会引起汽油燃料价格上涨和运行成本增加等不利影响。

汽油燃料的另一个众所周知的缺点是不可再生性。地球的石油储量是有限的，随着储量的消耗，对剩余石油储量的开发、提炼以及使用成本将会升高。目前对于到底还有多少剩余石油储量尚未探明，也无法确定全球石油生产用量是否已达到顶峰，但是向可再生能源燃料转变的趋势是毋庸置疑的。这些能源——例如水电能源、太阳能、风能以及生物质能，它们不会因为消费而枯竭，而且随着相关技术的完善，这些能源成本会更低。

而石油能源另一个不利影响集中体现在蕴藏石油资源的地区非常少，这使石油进口国产生了较为显著的能源安全问题，它们很容易受石油供给波动和价格上涨的影响。世界上许多地区逐渐产生了一种需求，通过使用形式更多样化、分布地区更广泛的能源以取得更大的能源安全。

出于所有这些理由，以石油为主要能源的全球能源供给系统作为今天的汽车车轮驱动动能是具有不可持续的。而且随着时间的推移，问题只会逐渐恶化。对于这个问题，我们的建议是不仅用电动机替换内燃机，而且将电动车与各种分布式而非整体式的新型都市能源系统结合起来，这样会增加对形式多样化、使用洁净、可再生能源的使用需求，而且使城市的个人出行成本比使用汽油燃料行驶的成本要低得多。通过将那些购买、储存和出售使用了智能电网技术以及具有动态定价的电力市场的电能源的小型车联合起来，这些系统可被启用。

汽车新能源供给系统

为了实现新能源的应用，我们不仅要考虑汽车的传动系统，而且还要考虑从一次能源中提炼出作为汽车动力的供应链。原理上，这些供应链可能持续时间较短，因为汽车直接通过风帆蓄电池或顶蓬上的太阳能电池板供电。然而在实际中，这些供给系统会扩展到原始的一次能源，并涉及许多储存、传输和转换过程。图 3—1 展示了许多目前正在使用或未来预计会使用的车轮供电能源的方式。

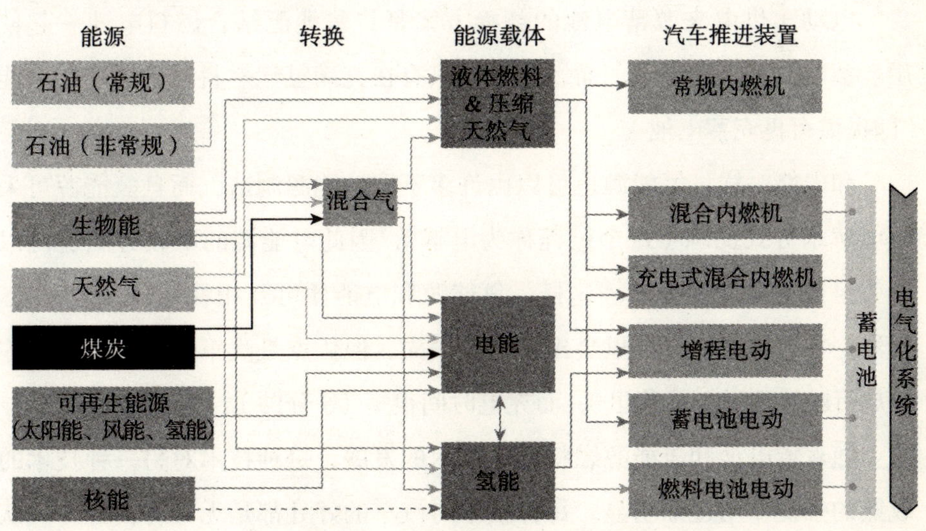

图 3—1 汽车车轮驱动动力能源

请注意，在系统里可能有三种主要的能源载体——液体燃料（以汽油为主）、电能和氢能，正如我们将看到的，氢能与电能紧密相关。液体燃料需要管线、提炼设备以及静态和动态的储集罐等基础设施，以燃料罐需求最大。氢能源将液体或气体储存和运输也需要一个过程。电能需要发电机、传输和分配电缆、大功率电子和控制设备，以及蓄电池或其他车身储存设备等基础设施。电气化系统，将多种其他形式的能源转化成电能，并以电能或氢能的形式输送能量，减少或消除了原料采集、加工、分配和燃烧等过程中出现的问题。

我们所介绍的这三种向电动车转换的方法（氢能燃料电池、蓄电池和增程电能）都具有不同的动力能效（油箱到车轮）和不同的燃料效率（矿井到油箱）（图 3—2）。

电能和氢能源的相互补充作用

电动车供电来源蓄电池的替换方案是将氢能源结合燃料电池一起使用。蓄电池可直接充电，而燃料电池只有在充满氢气燃料时才可产生电能（即提供可再充蓄电池）。

和电能一样，氢能源也可以由许多不同的能源制造，而且氢能源可采用电解水方式提炼（这个过程称为电解），因此电能源的回收方式也可以成为氢能源的回收方式。这样，氢能源和电能便可互相替换、互为补充。当然，在这种电解过程里会出现能量损失，但优点是汽车可实现长距离零排放行驶（超过 200 英里），而充电时间很短（5 分钟）。

随着蓄电池和氢能源燃料电池技术的发展，每种技术对另一种技术的成熟的推促作用逐渐明显。每种技术对汽车的好处都是无可替代的——从能源使用方面来说，使用蓄电池作为动力能源的运行成本较低（但是充电时间较长，较小的能源密度限制了汽车里程）；燃料电池和储存的氢能源可使汽车具有更大里程和更短的充电时间（但是需要一个新的燃料供给基础设施）。蓄电池尤其适合于USV之类的小型电动车，但是氢能源燃料电池为家庭型汽车和公交车等较大的车型提供了适当的折衷方案。蓄电池和氢能源燃料电池结合使用可使多样化的能源效率得到最大化，以满足不同的运输需求。

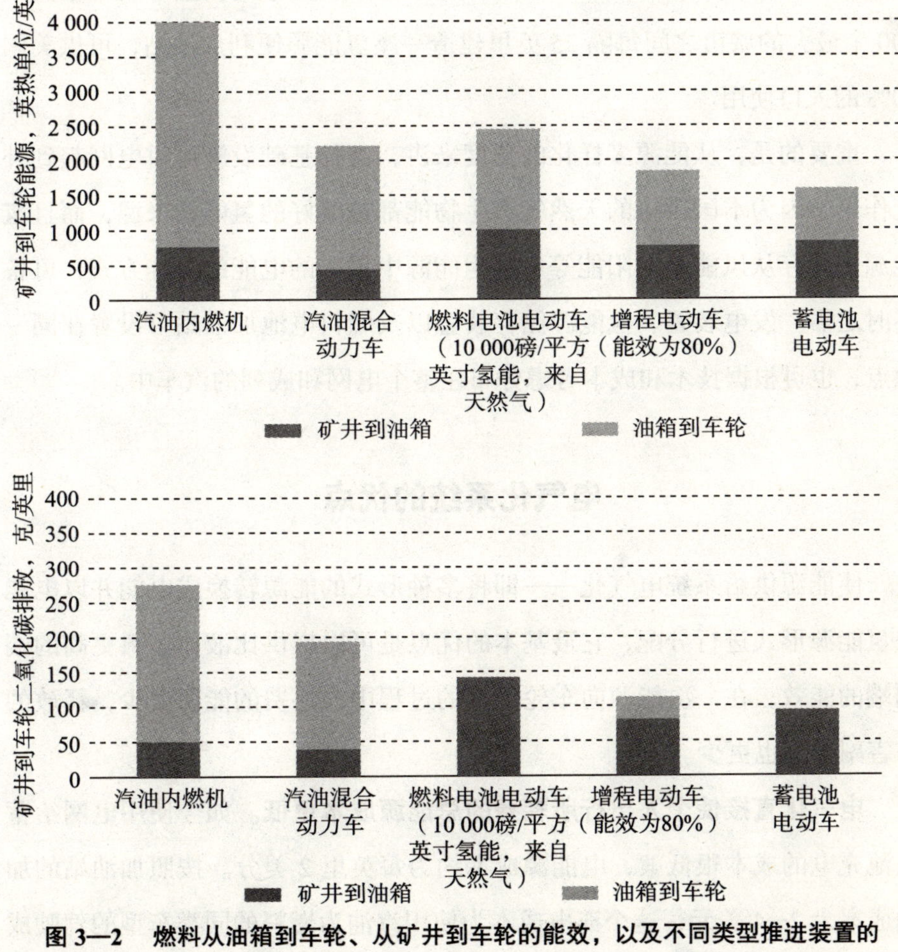

图 3—2　燃料从油箱到车轮、从矿井到车轮的能效，以及不同类型推进装置的二氧化碳排放

氢能源是一种极有价值的方案，因为它不仅可利用水和电制造，并且可从任一碳氢化合物中提取，例如生物质能、天然气或煤炭。这种可从各种可用能源组合中提取氢能源的方案是有效解决能源复杂问题的一种尝试。水、电和天然气随处分布的事实也意味着每个家庭和公司都可以使用制造出氢能源的所有原材料。

最新研究表明，建造汽车氢能源基础设施从经济和技术角度上讲都是可行的。事实上，只需要比阿拉斯加输油管工程更小的资金，就可在美国100个最大的城市之间每隔25英里建造一座氢能源便利加油站，可供美国70%的人口使用。

重要的是，从能源多样化的角度来讲，这种基础设施可对电网起到补充作用，因为本国供应的天然气和生物能都是极好的氢能源来源，而且氢能源是储存从风能和太阳能等可再生能源中提取的电能的极佳方式，可备不时之需。发电装置、氢能源储存装置以及燃料电池加油站可设置在同一地点，也可根据技术和成本考虑分布在整个电网和成列的汽车中。

电气化系统的优点

使能源供给系统电气化——即将多种形式的能源转换成电能并以电能或氢能源形式进行分配，它最基本的优点是可以提供比液体燃料更高的端到端的能效。在一次能源向车轮供电的过程中，浪费的能源更少，释放的有害副产品也更少。

电气化直接使个人出行所耗费的总能源成本更低。如今使用电网给蓄电池充电的成本很低廉，电能源成本约为每英里2美分。按照加油站的加油成本为2~4美元，这个充电成本为使用汽油为燃料的同类车型的驾驶成本的 1/3~1/6。然而，和可以无限次填充的汽油油箱不同，蓄电池可充电的次数有限，需要更换新的。即便考虑到这一点，当前以电能作为能源仍然比汽油燃料作为能源的成本要低得多，而且随着时间的推移，它的好处只会增加。

电气化系统的第二个优点是它带来了能源的多样化——可灵活使用许多不同的能源，这些能源的使用各有利弊。这使得能源供给系统可以长期朝着日益有效、洁净、更有持续性的方向发展。它允许地方充分利用它们独特的能源优势，而不是依靠进口石油或其他不安全的能源来源。西弗吉尼亚州具有丰富的煤炭资源，夏威夷州主要利用石油，美国罗德岛使用的是天然气，爱达荷州具有大量的水电能源，佛蒙特州从电能中提取核能。通过融合多种类型的能源、开采地点和供能线路，这种多样化的能源使用可保障能源安全，促进能源在本国的使用。

第三个好处是，与汽油燃料相比，行驶中将电能输送到车轮作为动能的过程是洁净、无噪音和高能效的。尽管汽油燃料经过了数十年的研究和技术开发，仍然具有噪音大、容易产生污迹以及散发高热量等缺点。这使得电动车的存在成为都市发展有利的一面。

最后一个也是最重要的优点是，**电气化系统使得汽车构造更简单，因为部件和活动部件都减少了。**

能源密度影响

如果蓄电池体积、质量过大，价格昂贵，那么这种蓄电池电动车将不具有优良的性能，成本也不划算（图 3—3）。早期的蓄电池电动车与汽油燃料汽车相比不具有竞争优势，因此很快便从市场上消失了，因为它们所使用的铅蓄电池不够精密，重量也过大。它们迫使设计者在不够合理的方案中做出选择——要么制造塞满了重型的价格昂贵的蓄电池，要么接受不能满足现实要求的有限的行驶里程。一般来说，不管使用哪种折衷方案，最后蓄电池所占空间的比例总会超过汽油箱所占车内的空间比（图 3—4）。

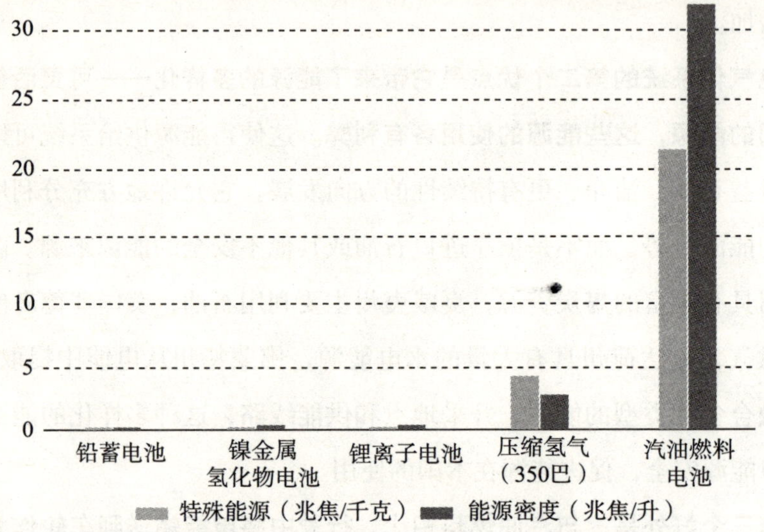

图 3—3　蓄电池、氢能源和汽油燃料的能源密度对照

图 3—4　雪佛兰 Volt 的锂离子电池组（图左边实物）可使汽车行驶里程达到 40 英里，差不多相当于 1 加仑汽油供汽车行驶的里程

更精确一点，由于汽车整体尺寸受到实际约束，蓄电池体积过大就意味着供乘客和行李所使用的内部空间更少。内燃机转换为更精巧的电动机不会为蓄电池带来更多空间，而将电机移到车外的车轮上则具有的好处更多，但是将蓄电池体积缩小到令人满意的程度仍然是电动车工艺和技术的重要目标。

蓄电池重量也会带来不同效应。蓄电池组可能会给汽车增加上百磅的重量，这将会带来一连串反应——比其他方式消耗更多的能源，要求更强大的推进系统。同样，减少汽车蓄电池组的质量也会带来减少能源和推进装置的要求。如第 4 章所述，当汽车性能要求降低时，汽车重量增加所产生的能源需求可能会减少，这使得用较小的、更廉价的蓄电池组满足需要的驾驶里程成为可能。

蓄电池技术发展的可能性

蓄电池研发专家们正在尝试找到用尽可能小的空间来储存电能的方法，来克服上述困难，同时尽可能地少增加质量。随着能源体积和质量比达到要求，他们开始探索新的汽车设计方案，并扩大市场对蓄电池电动车的需求。

但是这对于汽车研发自身来说还是不够的。除了具有符合要求的能源密度，电动车的蓄电池必须满足其他实际要求。在适当的运行环境中，它们必须是安全的。它们必须具有充分的使用持久性，也就是说能提供足够的能量充电。而且，当然，它们的成本必须很低。

图 3—5 阐释了蓄电池技术朝着这些方向的演变和最新的进展。**铅蓄电池**成本较低，在很多交通工具上广泛使用，例如，中国的电动自行车；

但是这样存在很多缺点。现在的混合电动车上经常会用到**镍金属氢化物电池**，例如丰田 Prius。这些电池具有良好的能源密度，但是成本更高。**锂离子蓄电池**的性能更佳，被广泛应用于手提电脑和手机上。

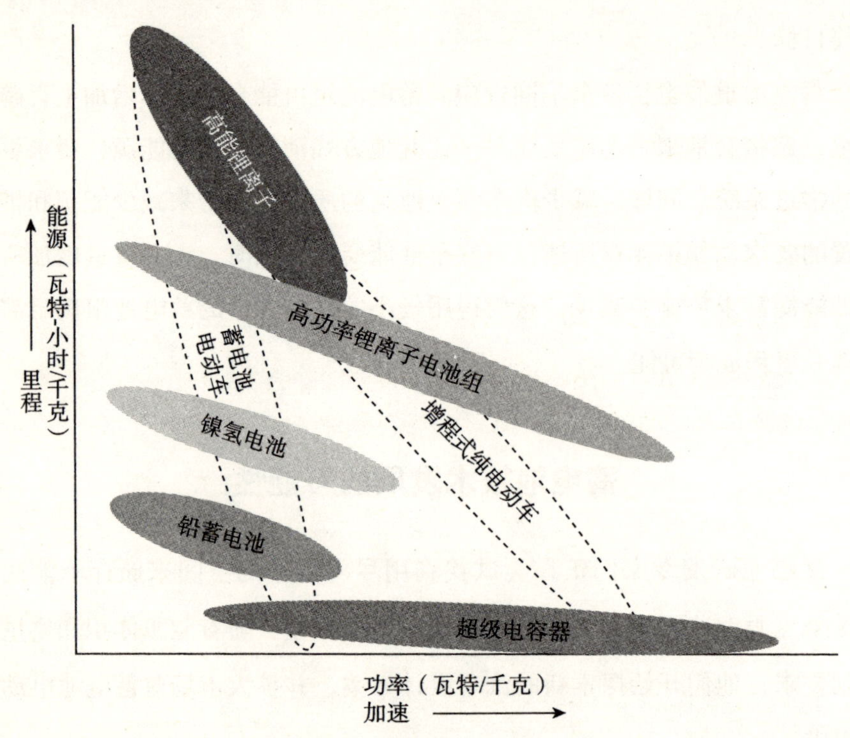

图 3—5　汽车蓄电池技术对照表

近年来，锂离子蓄电池已经发展到了可被大规模应用于实际的汽车用途中的时代，而且它们很可能得到继续改善。它们推动了小型化、轻型化、蓄电池电动车的产生，这种车型给乘客和行李预留了足够的空间，并能行驶足够长的路程，十分具有吸引力。

蓄电池电动车可有效满足今天城市的交通需求

蓄电池技术的进展以及对城市个人交通工具的需求的清晰界定使人们认为，现在的蓄电池电动 USV 车可以充分满足城市交通的需要，是汽油燃料汽车出色的替代方案。这种车型的第一代性能良好，足以促进向蓄电池电动车的过渡，并且它们的优点会随着进一步的技术创新而日见增加，同时还有规模生产带来的经济效应。

关键问题是使轻型汽车通过储量适当的锂离子蓄电池能在城市中行驶足够远的里程，这两种功能使我们将于第 4 章中所描述的汽车非常具有实际性。它们的价格在一般人的承受范围之内，行驶成本较低，安全保障程度高，操作简便，具有娱乐功能，并节省煤炭的消耗，具有能效高等优点。

Reinventing
the
Automobile

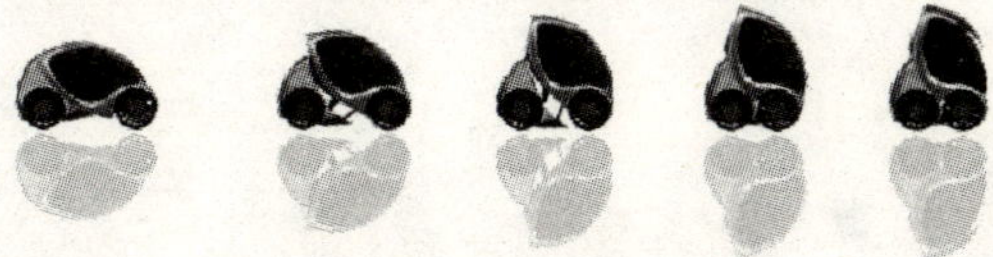

第4章

城市用 USV 的诞生

正如我们前面已经指出的，如今的汽车比满足城市个人出行所需要的汽车更大，也更重，功能也超出了城市用途的需要。我们已经发现汽车重量约为驾驶者的 20 倍，而且在不需补充燃料的情况下行驶路程超过 300 英里，速度可以达到每小时 100 英里以上。所需的停车空间约占去城市土地的 100 平方英尺，而且在约 90% 的时间里都待在停车位上。

所有这些效率低下的表现和损失的功能都因为，今天道路车辆的数量已经巨大到了令人错愕的程度。仅在美国，每年有 2.5 亿辆汽车和卡车在长达 400 万英里的道路上行驶达 3 万英里，加油站的需求量为 17 万家。这些车的内燃机耗油量要占去整个国家年耗油量的 1/3。

而且，汽车使用效率低下还只是冰山一角。汽车成为这个大型的、复杂系统的一个功能元素，这个系统包含街道和道路、停车场、能源供给和废物排放区、政策和法规以及相关企业。

多种子系统共同进化：汽车已经适应了街道组成和宽度，但是街道也适应了汽车的功能，汽车使得郊区的交通变得便利，而郊区创造的交通条件也增加了对汽车的需求。这些相互依赖关系扩大了汽车的某些负面影响，给创新增加了难度，但是它们也扩大了改善所带来的有利效应。

运用了我们已经描述的技术和设计方法的智能、网络化电动车能使功能和需求达到很好的平衡吗？答案是肯定的。本章，我们将探索设计原理和这种汽车的特征。从本质上来说，未来的都市汽车不会向 SUV 车型靠近，而更应该像 USV（超小型汽车）车型。在第 8 章里，我们将继续说明 USV 网络可以为消费者和城市社会生活带来多大的好处。

城市汽车设计的局限性

每种汽车设计都表现了多方面要求和约束之间的平衡，为消费者创造了不同的价值，并且对都市环境带来了不同的影响。在如今的敞篷小型卡车、跨界车、三厢车和跑车的差别里，我们可以看到这点。每种车都有不同级别的公用设施和性能表现，但它们都可以提供城市所需要的高速远程运行。图 4—1 显示了不同车型在城市运行的主观比较，从自行车到传统汽车都列入其中。即使是一辆小型的蓄电池电动城市汽车（传统设计）仍然相当重而且昂贵，因为它是典型地按照公路行驶要求设计的，因此必须能承受速度为 35mph 的冲击，而且行驶速度超过 75mph，行驶路程可达约 100 英里。而且，正如我们很快将看到的，一辆蓄电池电动车在重量和大小上基本为城市用汽车的两倍，这对于汽车停车留下的车轮痕迹和没有什么保护能力的道路使用者有较大影响。

一种社区电动车（NEV）很快将达到城市用车的理想平衡。然而，它对传统汽车的DNA有较多约束。NEV实际上是装有电气系统的简装传统汽车。它们彼此独立运行的事实限制了它们解决安全性和交通堵塞问题的能力。尽管外形尺寸缩减了，它们的现有尺寸仍然约是需求尺寸的两倍，这再一次增加了停车难度。新DNA的设计革新为消费者带来的好处——更灵活的操作性、更愉快的驾驶体验、出入更方便、个性化的方向控制、自动停车和私人无线互联，都消失了，这降低了对消费者的吸引力，削弱了市场的巨大需求潜力。

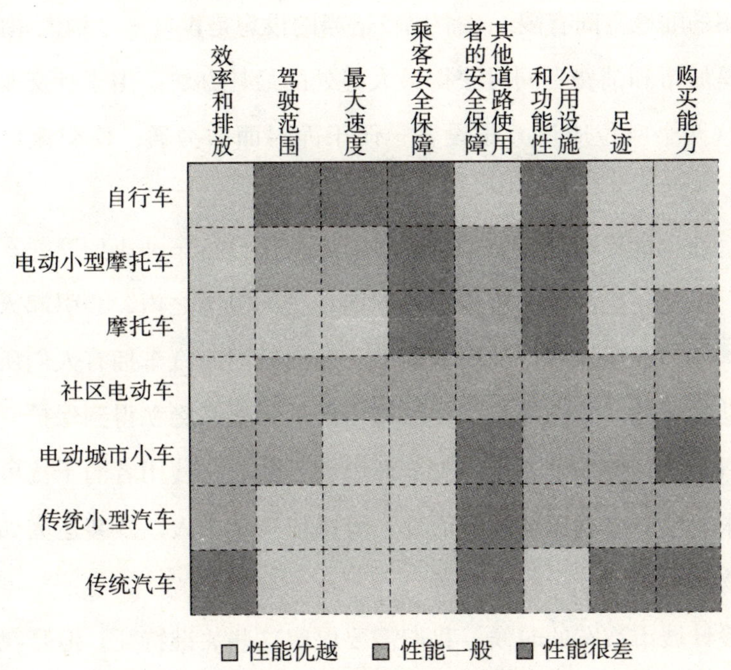

图4—1 不同的个人城市交通工具的主观比较

新型车：USV

那么，专为城市设计的USV的外观如何呢?

首要的考虑因素是座椅的数量和布置。一个单人座的车室需要的空间最小，能耗最小，成本也最低，但是有用设施和灵活性也有限。另一方面，增加3到4个座位会导致汽车外形尺寸更大，对尺寸、重量和成本之间的平衡要求也更高。考虑到城市用汽车的平均乘坐率在1到2之间，并且城市里可用的陆地空间有限，一个比较适当的设想是设计一个两人座的汽车。这可能是城市和消费者同时获得最大好处的最佳办法。由于社交是人类的本能，这两个座位应该并排设置，便于面对面的沟通，使交流更畅通无阻碍。

尽管在全世界的许多城市里大多数人使用自行车和小型摩托车作为交通工具，但是一旦汽车的售价在人们能承受的范围之内，会引起人们对拥有一辆汽车的普遍渴望。毋庸置疑，一方面是因为汽车拥有人们所需要的重要的功能特性。我们都希望生活过得舒适无比、隐私得到保护、有安全保障，汽车通过使乘坐者免受外部环境和其他道路使用者的干扰可以达到这些要求。汽车也有运输的灵活性，可以加坐某个人以及装运诸如购物袋之类的物品。

在设计城市汽车的时候，我们需要保留这些关键特征。但是我们有能力设计出比传统汽车更经济、外观更时尚的产品，这使我们充满无限期待。与可以连续行驶300英里，速度超过100mph的普通汽车不同，城市里的平均交通速度（低于20mph）和日常行驶路程（不到25英里）为质量和成本的缩减带来了无限可能。正是这些后期需求大大提高了汽车成本（需要尺寸更大、质量更重、成本更高的推进装置和底盘系统，以及起支持作用的车身结构），而且是通过降低这些要求，我们才能开始设计出更适合于城市和居民使用的汽车。

对于两人座汽车，完全可以设想其可以承载低于 1 000 英磅的重量，长度可以低于 100 英寸，在重量和空间上比传统汽车小 3 到 4 倍。怎样的设计才能使一辆 USV 型汽车在停车时候（而这是它大部分时候的状态）所留下的痕迹最不明显呢？两种可能的方法（当然还有其他可能方法）是按照 MIT 媒体实验室的城市小车采用的折叠方式，另一种方法是使用 GM 公司生产的两轮电动车 P.U.M.A 所采用的动力稳定技术。这两种方法有些差别，但它们也具有许多共同的新的 DNA 元素，并按照城市应用专门设计。

蓄电池电动汽车的简化方案

如第 1 章所述，蓄电池电动车可能是城市移动工具的最好的电动方案，它的适中的驶程范围和性能要求都是令人满意的，而且具有满足人们最需要的零排放和轻型车身功能。为了诠释爱因斯坦的名言“最好的设计是既能满足需求又最简单的那一种”，蓄电池电动系统能将汽车简化到什么程度，在历史上没有可参照的方法时，这个问题其实是非常深奥的。对于一辆传统汽车，燃料管路将油箱与一台大型内燃机连接起来，排气系统将燃料传送到尾管，机械传动系统将引擎和车轮连接起来以提供推力。混合型小车的推力装置系统更复杂，除了油箱外还有蓄电池，以及汽油引擎和电动摩托。然而，一辆蓄电池电动车可能省略许多复杂的机械装置：基本上只保留蓄电池、电线、能源和控制电子以及车轮，而且所具有的复杂性甚至被封闭在汽车的一个较小的范围内，尤其是电动摩托被安装在车轮轮毂的右边时。

而且，在一辆电动车里所具有以及需要来回移动的零部件更少，需要集成和管理的相关技术也更少。一辆传统汽车需要精心设计油箱、管道、阀门和抽气泵所组成的系统以容纳汽油、油、水、气和废气，但是一辆蓄电池电动车使用蓄电池和车轮之间的连接线替换了大部分复杂的分配系统。这简化了设计、制造和养护需求，也降低了整体重量和成本，而且还可简化汽车报废时的拆卸和再循环。

20 世纪下半叶数字技术的发展所产生的产品设计的详细说明和简化与此有着非常接近的类似关系。就在不久以前，彼此独立的模拟通道将声音、音频、文本和数值数据传送到各种类型的使用设备——电话、电视等。数字革命产生了功能强大的技术集成，而且通过将各种形式的信息转换成字节来简化了设计和制造任务。与在 21 世纪早期，将不同形式的能源转换成热能的效果相似。

从汽车设计的角度，滑溜板底盘（无发动机室）和冲突避免装置（不带前端的冲撞缓冲区）所带来的组装的灵活性可使汽车神奇般地变短，这在停车空间有限且昂贵的时候极其有用的。我们完全可以有理由相信未来的两人座汽车将是今天最小的汽车或 NEV 型车的车长的一半。

车轮上的电动机

车轮上的电动机对 USV 的架构有较大影响。在城市用汽车的设计里，空间是很重要的，而且通过将外置的电动机移到车轮上，可以使汽车体积缩小。

采用传统的电动驱动设计（与每个车轮连接的轮轴和半轴上的单个电动机），将使得组装与汽油燃料车非常类似。封装精美的蓄电池对安装了单个电动机的电动驱动车是一种挑战，因为它们体积很大，需要冷却，而且电动驱动车没有考虑为它们提供先进的传统汽车架构。

因此，当蓄电池简单地装进以内燃机为主设计的传统汽车时，它们只会非常不适当地塞进后座下面，座位之间，或者占据其他备用空间。但是带有模块化轮毂电动机的汽车为蓄电池组装的合理性创造了可能，因为它们使座位底下或前电动机室留出了多余的空间。这些空出的蓄电池空间也可以使汽车具有更大的驶程和优良的性能。

车轮上的电动机也减少了汽车操纵所需要的空间。这使得可在狭窄的都市环境中使用体积更大的汽车，例如在欧洲城市的环境中，而且它们显著降低了对道路和停车空间的要求。减小的转弯半径意味着汽车可以适应更突兀的转弯路口，而且“0度转弯”能力使得汽车能轻松应对死巷。这种全向式移动可使汽车驶离道路或者在路面结冰的下坡路上“转向”更容易。通过线控系统，车轮上的电动机使每个车轮都具有独立可控性，因此几乎可以提供“毫不费力”的全向转向、良好的稳定性和牵引控制。空间节省特性和所有这些特征使得车轮上的电动机成为对都市交通工具非常具有吸引力的方案。

尽管具有这些优点以及技术成熟的功能（费迪南德·保时捷在1900年设计了一款带有四轮轮毂电机的蓄电池电动车，而且车轮电机被广泛用于火车和重型装置上），基于以下两点理由通常不考虑车轮电机：控制器多余电动机的附加成本和增加的未装弹簧车轮、轮胎和悬架等（未装弹簧部分质量的增加使得乘座体验更差，并降低操作的方便性）。通过采用更高明的设计，使用更轻型的材料，以及适当的悬架调校和简化部件，可以显著降低制造和装配的成本。

智能化车轮

然而，如果智能化车轮只是简单安装到其他汽车系统上，而不进行任何优化，也几乎不进行什么修改，那么它们带来的好处将是有限的。另一方面，如果我们按照车轮电动机的最大性能来设计汽车，那么将有可能补偿它们的额外设置以及简化其他系统所带来的成本。

例如，米其林轮胎集团发明了一种“主动车轮系统”，它将活动悬架装置、操纵装置、安全座椅以及为了降低磨擦制动的标准软盘制动整合到车轮电机内部空间里，以作为推力装置，这个系统可以传送各轮上不同大小的扭矩，这产生了复杂的差速，使操作系统得到改进。

还可进一步创造奇迹。和所有的电力发动机一样，车轮电机也可以作为发电机：它们可以恢复在其他状况下失去的制动能，并补充蓄电池的电能（所谓的再生制动）。它将有可能减少甚至消除对摩擦制动的需求，这可以降低成本和未装弹簧的质量损失。四个方向上的车轮摩托可以比单个的电动驱动电机能恢复更多的制动能，这有助于将蓄电池或燃料电池的大小降低 10% 以上，达到增加质量、节省成本的目的。

在过去约 30 年里，随着各种车型的相继产生，底盘系统的功能变得更复杂，因为传统汽车的机械加固基础附加了许多新的电子特点。然而，当新的开始变得重要，并且汽车各方向上的控制扭矩被赋予新的含义时，新的问题出现了。**如果采用了车轮电机，那么许多底盘和底盘电子系统（制动、反锁制动、牵引控制、电子稳定控制、全向行驶、电子动力转向、四轮转向、扭矩定向管理等）可以消除或缩小尺寸。**

车轮电机甚至可能超出传统底盘系统的能力，因为能实现对车轮电机位置高分辨率探测和旋转方向转换能力或快速停止能力的精确控制。

归根结底，**车轮电机和线控系统的组合将使车轮的每个方向都可电动化并受数字化控制**。这些模块化可以提供推进装置、制动装置、悬架装置，并且转向装置可以设计成模块化的按扣装置，如同个人计算机上 USB 设备或计算机上的卡口座镜头。和 USB 设备一样，它们具有标准接口，可与底盘进行结构、电气系统和数字连接。这样它们就变成了设备齐全的“智能车轮”。

从制造者的角度来看，这些模块化的装置，例如笔记本电脑上的软盘驱动，具有集合多功能以及标准接口所具有的机械和电子复合组成的优势。整体来看，带有轮毂电机的模块化电动车比汽油燃料车构件更少，子系统更小以及接口更少。较之复杂的混合电动车，它们的优势更明显。它简化了供给链和组装工艺，并带来接口轮边的竞争性创新，改进了性能，并降低了成本。

从修理和养护的角度来看，轮毂电机的使用可以减少对汽车的养护并减少对精巧结构的需求。

如果智能车轮装置发生故障或使用寿命终结，那么它只能拆卸下来并用新的装置替换。这个过程毫不费时，且非常简单，在任何地方都可以进行。旧的车轮可以送到中心维修站进行机外维修或送去再循环处理。而且，轮内电机小车较之汽油燃料汽车和混合汽车，不仅组装部件更少，而且机械构造更简单，活动部件也仅为 1/10 左右（这减少了磨损，增加了可靠性，并减少了汽车在使用过程中的养护要求）。

新型概念车

装有车轮电动机的电动车的一个最大的好处就是，它们可以适应各种类型的汽车构造，这些构造可根据不同的要求、条件、技术折衷方案进行设计。例如，近几年来出现了几种私人小型车和小型的城市概念车，尤以日本出产的最多。这就拓展了车轮电机领域，因为这种汽车设计不仅满足车型精巧、操作更灵活的要求，而且对环境污染更小（图 4—2）。它们大部分是专为个人在交通拥挤的城市环境里所使用，只能行驶较短的路程。

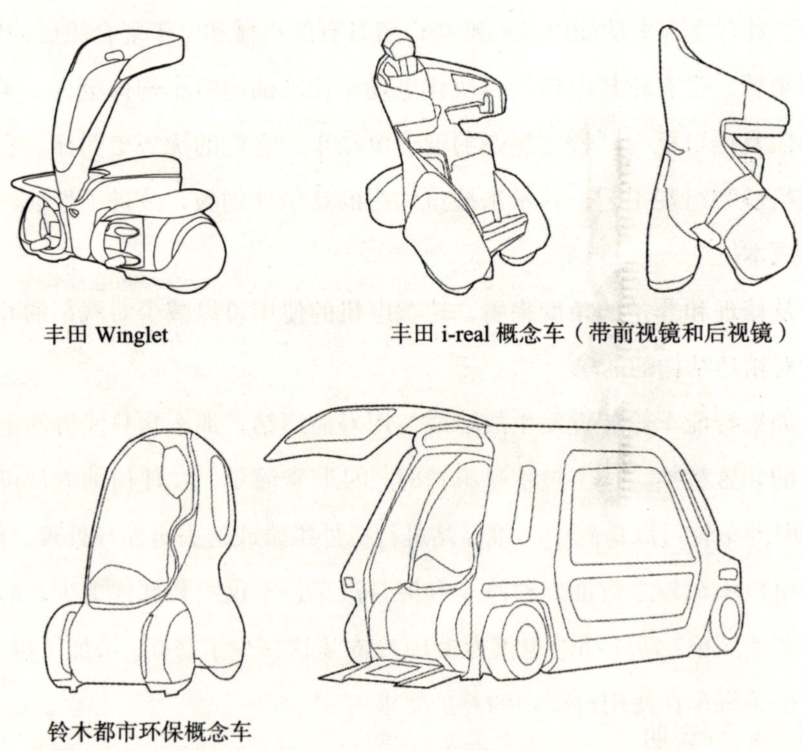

丰田 Winglet

丰田 i-real 概念车（带前视镜和后视镜）

铃木都市环保概念车

图 4—2　个人概念车

以下几章所阐述的 USV 车型填充了都市交通生态系统不同的生态位。它们可供两人乘座，在再次充电或补充燃料之前可比个人交通工具行驶路程更远，而且最大速度更高。然而，由于它们是专门为个人使用而设计的，就没有考虑到今天普通汽车的乘客数量、行李容量、行驶路程或行驶速度等因素。它们也适合于在市区以外的公路上行驶。

换句话说，它们代表了精心挑选之后的折衷。它们比单人座的个人交通工具具有更多有用设施，但是质量、能耗、成本也更高。另一方面，它们的质量、能耗和成本较之今天的汽车要少得多。

通用汽车公司 P.U.M.A 开发了 USV 车型在这一方面的潜力。我们将要阐述的 MIT 媒体试验室所研发的城市小车（图 4—3）则开发了另一方面的特性。

图 4—3 MIT 媒体实验室研发的城市汽车

MIT 媒体实验室城市汽车

图 4—4 说明了最多达 4 人座的轮内电机电动车的车轮的大致可行的设计方式。一只轮子——很像单轮脚踏车，在逻辑上是可行的，但是到目

前为止还没有找到适合于移动系统的可行方案。

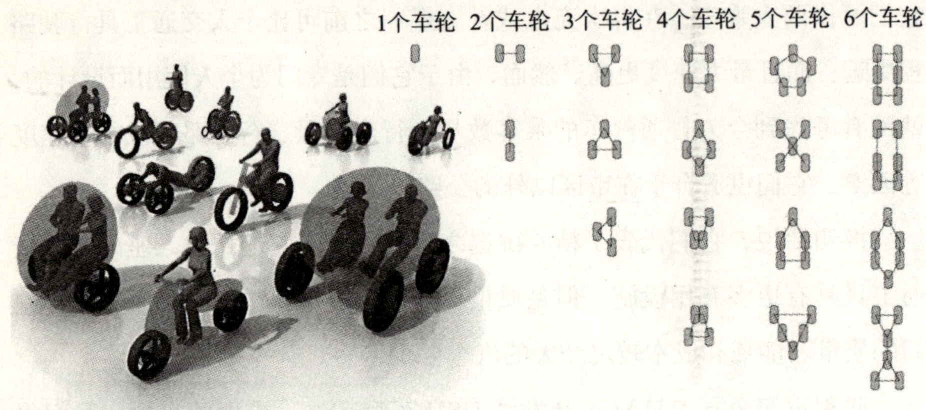

图 4—4　车轮电动驱动车型车轮的可能设计方式

两轮车可借用脚踏车、小型摩托车、机车的模式，这些类型的代步工具为乘客提供了所需的平衡。MIT 智能汽车开发小组已经研发了一种 RoboScooter，这是一种轮内电机的折叠式电动摩托车。并列式布置的车轮的车型代表是 Segway 和 P.U.M.A，这两种车型的平衡由电气化控制动态平衡机制所提供。它们在行驶时的方向不仅被轮向所控制，而且受到车轮在不同速度下转向的影响。

底部安装了三个轮子的车型可能在前部或后部只安装了一个车轮，因此可将其结构设计成为没有前轮或后轮的圆形车型。

三轮小汽车可能会出现稳定性问题，因此它们只会被南美或欧洲国家的人少量使用，但是在一些人口稠密的亚洲国家，它们却一直很受欢迎，例如，印度的自动人力车。在这些国家里，汽车行驶速度较低，降低了对稳定性的要求。四轮车可近似布置成矩形构造，或菱形结构。例如，在 2007 年米兰摩托车展览会上首次露面的 ITRI LEV（轻型电动车）概念车所采用的构造。五轮车和六轮车在概念上很吸引人，但是经济性能较差。

城市汽车通过专门设计，其在速度和行驶路程上比 P.U.M.A 汽车略强（尽管仍然低于传统燃油汽车的速度和行驶路程），因此它具有不同的平衡点。为了能以简单有效的方式达到平衡而又不会在此问题上耗费更多的能源，城市汽车采用了标准的全向车轮构造。

各车轮彼此独立，受到数字化控制，具有可变的方向和速度。这赋予操作更大的灵活性，使城市汽车尤其适合于复杂的都市环境（图 4—5）。除了传统的转向方式（图 4—5 的左图），车轮电机为汽车提供了各种类型的全向转向性能。例如，在平行停车的时候，城市汽车可进行侧向行驶或仿生蟹移动（图 4—5 的右图），在三点转向（甚至是五点转向）的时候可以做到 360 度转向，如图 4—5 的中心图所示。

图 4—5 城市汽车的各种转向方式

这种车轮系统也可起到应急作用，当有一个车轮出现故障或者甚至两个车轮同时出现故障时，利用剩余的车轮，城市汽车也可以继续安全行驶。

这种构造使得汽车车身的四个方向上都可以自由出入（图 4—6）。除了一般的可能性，从汽车前部出入变得可行，因为再没有引擎的阻挡。在城市汽车里，乘客从汽车前部出入，行李和紧急出入口在汽车尾部，汽车侧面没有设置出入口。这使得在路缘边的倾斜停车以及乘客从人行道处上下车（而不是公路上）成为可能，并且消除了停泊汽车之间的间隙要求。它也简化了汽车侧面车身的设计，使其无须设置两侧的车门。同时也使侧面车身结构更坚固，提高了侧面车身的抗撞击性能。

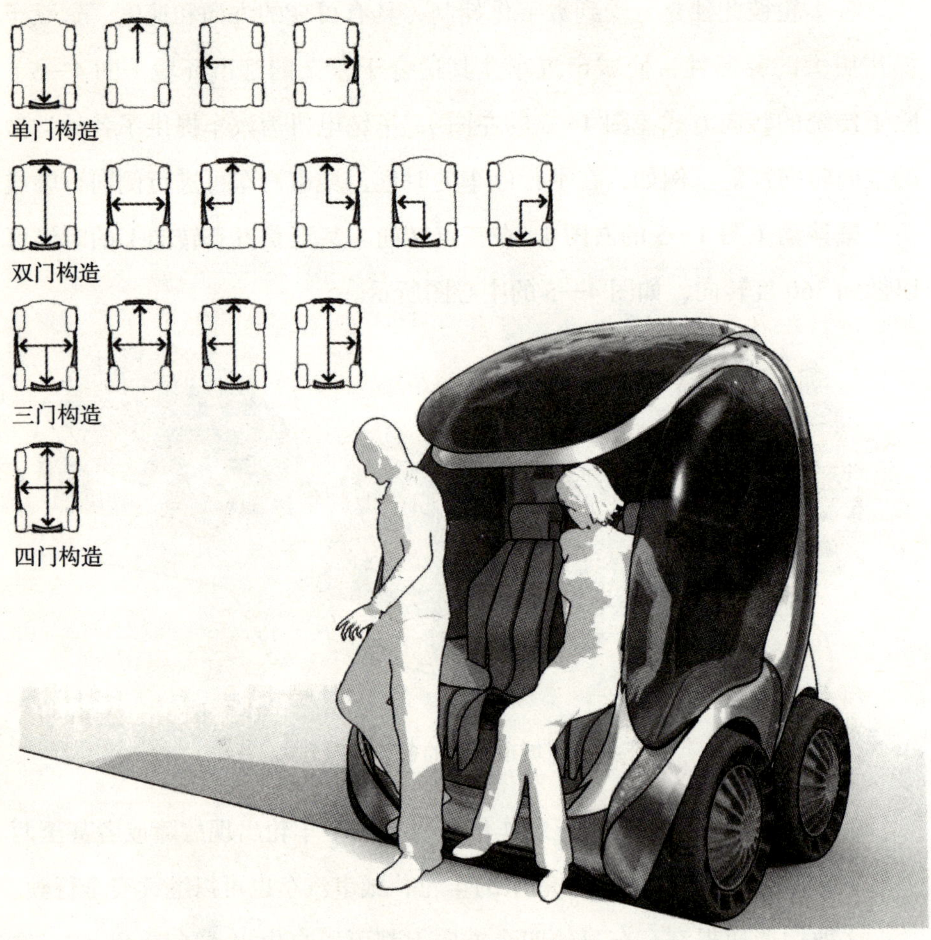

图 4—6　带车轮电机的四轮汽车可能的出入方案。城市汽车既可以从前面的乘客室出入，也可以从后面的行李室出入

通过四连杆机构，城市汽车可以折叠起来，以使停车空间更紧凑（图4—7）。当然，这也增加了一些重量和复杂性，但是它也允许汽车的轴距更长，行驶的重心更低，印痕最小，以及停车时的出入更方便。在停车空间有限和费用较高的城市里，这代表着一种理想的折衷方案。

图4—7 城市汽车的折叠方式

城市汽车具有一个完全数字化的、线控的操作界面，它靠一个双手柄的操纵杆控制（图4—8）。当驾驶者将手柄往前按的时候汽车加速，将手柄往后拉的时候汽车行驶停止，手柄旋转的时候汽车转向。安装在汽车前门上的平面可视显示屏提供仪表盘信息。这种布置使得操作界面极其简单，方便保持内部洁净，并为从汽车前部出入扫清障碍。

图4—8 城市汽车双手柄操纵杆界面

行李室设计在乘坐室另一侧的折叠装置上（图4—9），这使它在汽车折叠的时候可以保持低位和水平。在汽车重量中占较大比重的蓄电池被设计在底板上。这使得汽车的重心即使在折叠的时候也相当低，并为蓄电池冷却提供了条件。

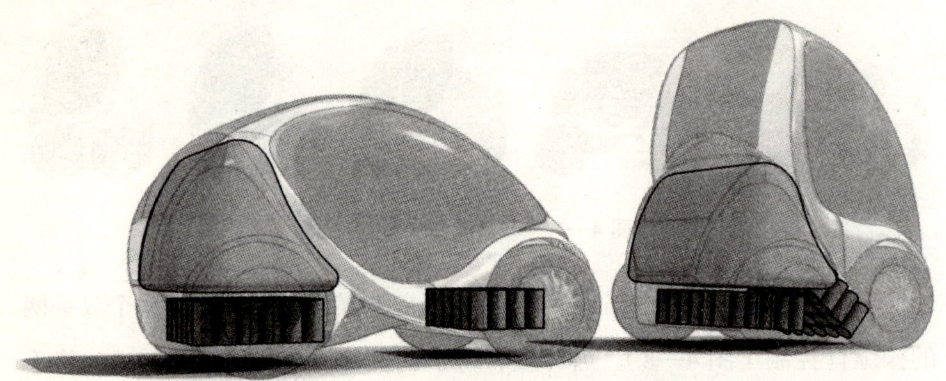

图4—9　城市汽车的蓄电池和行李放置空间

蓄电池充电点被安装在汽车下方。这使得使用接触式或感应式“智能控制”充电设备变得可行（见第5章），这样城市汽车可以是插座式充电，但是显然没有这个必要：它可在任何时间适当停在设备齐全的停车场，此时可以与网络形成自动连接。

城市汽车的制造很简单，也很模块化，与燃料车或混合电动车相比，组成部件非常少（图4—10）。城市汽车取消了金属板、涂料，以及传统汽车里复杂的细部构件。它具有坚硬的镀铝外壳和PC板——与战斗机的驾驶舱类似。面板可以砰地打开或关上，而且侧面板可以取下作为紧急出口。

城市汽车采用了不同级别的安全系统。如同P.U.M.A车型一样，电子感测和无线通信系统的采用可以大大减少冲突的可能性。

图 4—10　城市汽车简单的模块化构造

如果冲突已经产生，较轻的车身质量和相当缓慢的行驶速度可以大大减少类似车型发生冲突时所消耗的能源。座椅安全带仍然按照以往的方式保护着乘客的安全，安全气囊仍是必需装置，因为它的行驶速度比 P.U.M.A 车型略高一点。没有传统的前端和后端压碎带（压碎带是为消减冲突时产生的冲击能量所设计的空间），可使冲撞发生时乘座室具有受控减速功能。当然，这会增加汽车的车身长度，也需要额外的安全设备以使车身更加坚固，但如同车身折叠时一样，这可能是为了达到车身精巧的一个理想的折衷方案。压碎带或与折叠装置集成的高速消震器也可能会提供受控减速（图 4—11）。在前端或后端发生冲击的时候，通过以一定的速率将汽车折叠可降低冲击能量。

最后，城市汽车的模块化构造，以及以电子设备和软件替换传统汽车的硬件设施，为保持基本构造范围以内的设计革新和个性化创造了机会（图 4—12）。和笔记本电脑的磁盘驱动器一样，车轮装置也可以升级。在保持外形构造不变的前提下，在售前或是售后，侧面和前端的面板以及后端的行李间可以自由选择，城市汽车充分利用了这些特点，它的构造可按照购买者的要求进行个性化设计，这和现在的个人计算机或篮球鞋很类似。

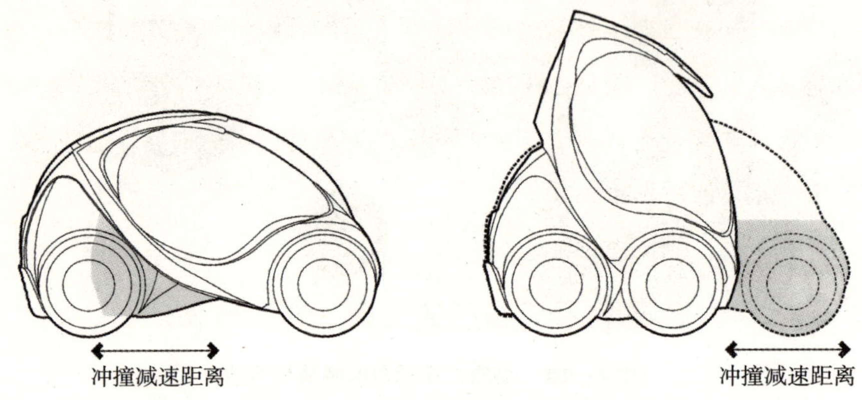

图 4—11　城市汽车的折叠装置为冲撞减速系统提供了空间

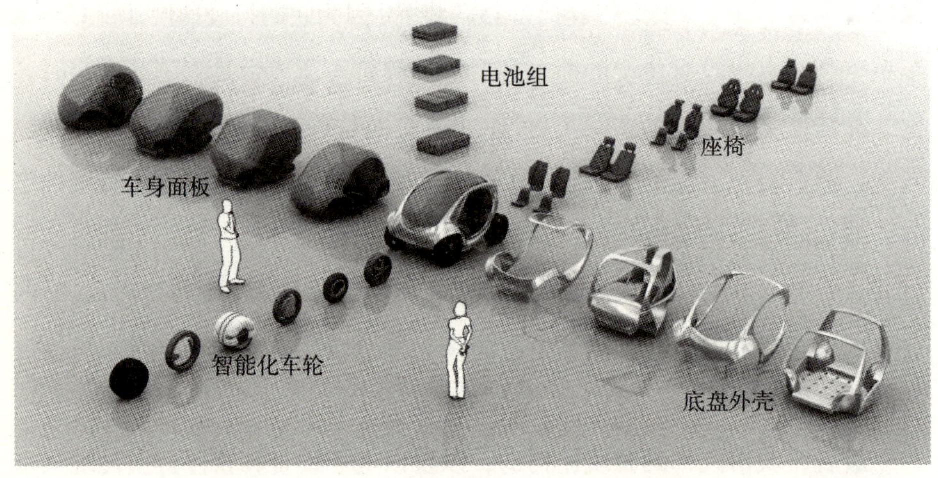

图 4—12　城市汽车的个性化方案

通过应用软件，汽车可具有更多动态的个性化特征。城市汽车的许多驾驶特性都体现在数字化控制系统的软件中，而不是体现在硬件设施中

（硬件设施难以改变），这个特征非常重要。当汽车识别出车主时，它可以自动配置储存在车身或通过服务器无线下载的优先参数。不论你驾驶什么样的汽车——或者属于你自己的，向别人借的，或者与他人合用，它都会让你有主人的感觉。而且，通过应用程序界面，如同苹果公司的 iPhone 一样，城市汽车可成为具有无限生机的第三方软件创新的平台，这些软件创新可大大拓展汽车性能。

城市个人交通解决方案（P.U.M.A）

城市汽车仅是组合了多种新颖特征和折衷方案的一个典型代表。让我们再来讨论一下其他车型。

在结构紧凑、前后端出入口的两人座轮内电机电动车里，还有其他方式可减少汽车车轮在地面留下的印痕：取消后端车轮。这使汽车长度和单个车轮的长度差不了多少，而且宽度可由座椅需求决定。这和人力车车舱很类似。这种汽车设计最大体现了“最大驾乘空间，最小机械体积”的创造概念。

当然，出于稳定因素，一般需要后端车轮。但是 Segway 智能交通工具（PT）表明运用电动系统维持平衡的可能性，而且这个原理可推广到体积更大的车型。它代表了与折叠汽车不同的设计折衷方案，因为它消除了折叠装置的复杂性，但是相反出现了复杂的电子平衡系统。在停泊和行驶的时候都非常节省空间。

Segway PT 表明，至少对非常轻和速度较低的蓄电池电动车，取消传统的制动系统、转向系统，甚至是车轮电机的液体冷却系统都是可能的。图 4—13 是底盘示意图，它显示了底盘“滑板”的简单构造。制动由作为发电机的电动机所控制，甚至当蓄电池满负荷的时候，通过电动机的自给加热功能仍然可以实现制动。这种 PT 车型重量约为 100 磅，最大可控速度为 12.5mph，但是有可能将这种特性扩展到重量约为 700~800 磅之间，最大速度在 25~35mph 的较大车型——仍然远远低于传统汽车（重量为 3 000 磅，行驶速度为 100mph）。

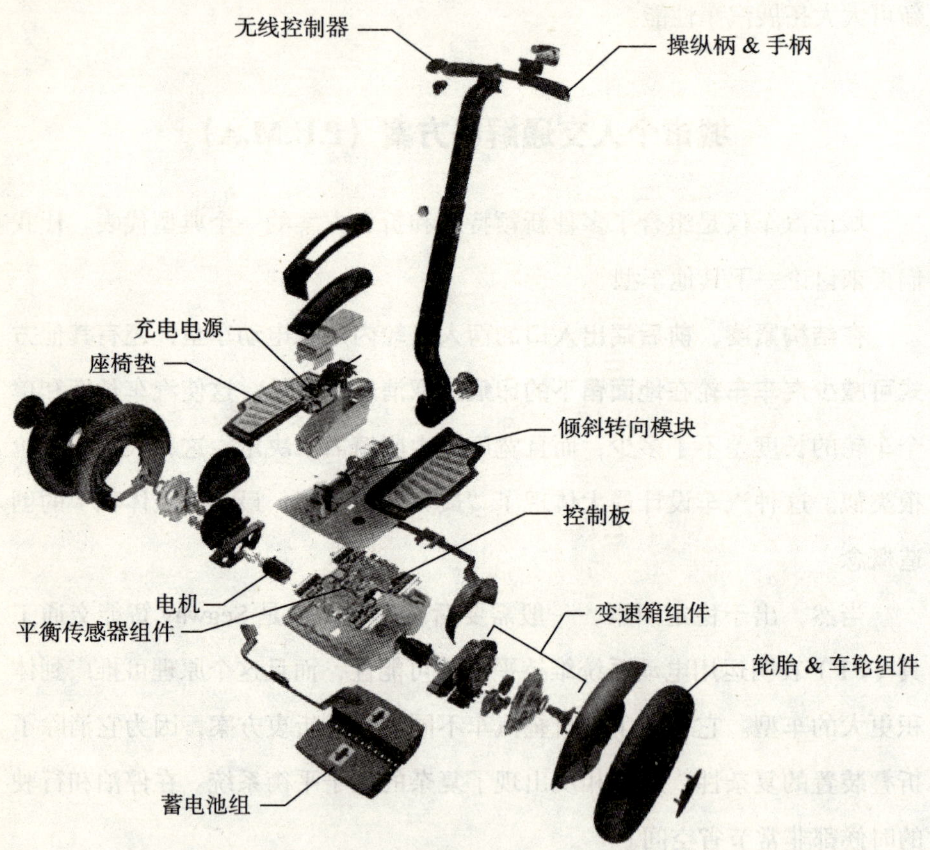

图 4—13　Segway PT 分解图

2009 年 4 月，通用公司和 Segway 合作推出了一款两轮电动车 P.U.M.A（如图 4—14 所示），证明了研发这种概念车的可行性。这种汽车的原型是蓄电池驱动，双座椅并列布置，而且只有并列的两个车轮。展示的汽车原型每小时行驶速度可超过 25 英里，充电之后的驶程约为 25 英里。

图 4—14 2009 年 4 月在纽约推出的个人城市交通解决方案原型（P.U.M.A）

P.U.M.A 集成了通用公司或 Segway 公司以前开发的车型所具有的多种技术，这包括锂离子蓄电池电能、提供线控加速的车轮电机、制动系统、转向系统、动态稳定性能（两轮平衡）、车对车的通信、可停靠人工用户界面、可实现的场外无线通信，以及自动驾驶和停车功能。这些技术都融合在 P.U.M.A 中，在提高能效的同时增加了移动的灵活性，同时可实现零排放、停车便捷，并减少城市里的交通拥挤。图 4—15 显示了 P.U.M.A“类型”的汽车外部设计的侧面剖面图。

这种汽车充满驾驶乐趣，因为它操作起来非常简单，并且从汽车发动时刻起即具有瞬态扭矩。这种动态稳定模式创造了出入汽车的新型方式以及具有多种变换方式的新型设计形式（图 4—16）。根据图 4—17 所示的多种设计方式来看，这种并列布置的两轮车的好处是显而易见的。P.U.M.A 车型的外观设计具有多变性，不仅在于底盘滑板设计的灵活性，而且还在于车轮移动不必像传统车辆一样从一侧转向另一侧。P.U.M.A 车型的转向通过各车轮上产生的不同转矩实现，并以中枢为中心。这使得边缘车轮方案成为可能，可创造出非常与众不同的外形。这种动态稳定平台也实现了控制汽车的新型方式。

图 4—15　P.U.M.A 的动态稳定图

图 4—16　P.U.M.A 车型车轮构造允许乘客从车前端自由出入

图 4—17 P.U.M.A 的各类设计方案

动态稳定性也显现了汽车具有模拟自然态生物运动形式的能力。例如，汽车停靠时依靠前端的起落架轮，以确保平衡时无能量消耗。随着车主靠近汽车或进入汽车内部，汽车进入准备状态，升起起落架轮，并使行进车轮保持平衡。如果车主在短时间内保持静止，汽车会出现“高频振动”，这时车轮侧面徐缓平稳地来回移动而保持平衡。在一组确定汽车底盘方向和运转的角速率传感器的作用下，可保持动态稳定。根据汽车处于加速状态还是停止状态，平衡系统做出感应并向电机发出动力请求以驱动车轮前行或后退。这种车轮相对于车身的运动方式使汽车处于运动的假象。当汽车驶近十字路口并逐渐停下来的时候，它顺着向下移动落到前端的起落架轮上，这个过程使人联想到汽车和其他车辆、行人或骑自行车者成半圆弧状。当汽车在比较紧急的关头时，它可以通过自身的车轴实现自转。当人们联想到自身依靠两条腿走路和平衡的方式与 P.U.M.A 车型类似时，生物模拟的目的即达到了。

P.U.M.A 以及城市汽车（包括其他 USV，如图 4—18 和图 4—19 所示）这两种车型都可以显著减少停车空间需求，而且汽车停车留下的车轮印痕更轻。通过只使用两只车轮，P.U.M.A 车型在长度和宽度上都明显缩短了，较大型的城市汽车通过折叠方式，其停车长度更小，而货栈式的共用车型 USV 在停泊的时候折叠起来，以取消间隙和出入空间。所有这些汽车所具有的高度灵活性也可以减少对出入通道的需求以及停车场和停车场设置的后退和转弯空间。也可能将几种自动停车方式结合起来，以取消车门开关的空间，并预防停车时可能出现的损伤。这种结合了较小的停车车轮印痕、操纵的高度灵活性以及自动停车功能等特性的车型可将总停车空间需求降低 4 倍以上（见第 8 章内容）。

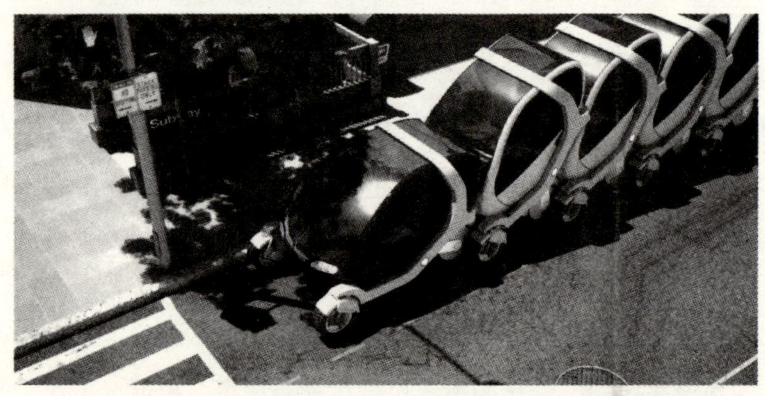

图 4—18　适合于系统共享 USV 车型，可以折叠和堆叠起来，以使停车车轮印痕非常小 [弗兰克 · 瓦拉尼（Franco Vairani）提出的城市车概念]

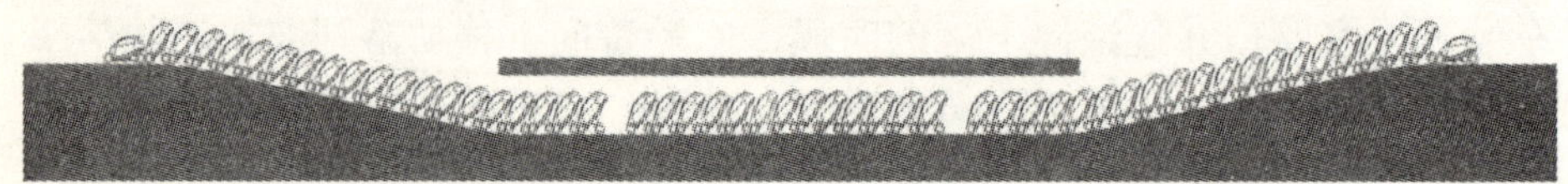

图 4—19　在共同使用的系统中，可折叠和堆叠起来的 USV 车型可按照货栈的方式从前至后分布开来，这带来了新型的停车场设置方式

可负担能力

这种类型的USV车也会比传统汽车便宜许多。许多人认为蓄电池电动车价格昂贵，但成本是根据汽车性能要求而定的。当传统汽车经过改良成为具有相似性能（最大速度为100mph）和惊人驶程（大于100英里）的蓄电池电动车时，其最高成本也会增加。但是请注意，每年有成百万的蓄电池电动车售出，其价格远远低于1 000美元。它们被称为电动自行车，行驶路程为25英里，最高速度为25mph。在2008年，仅在中国就售出了1 600万辆。表4—1列出了各种类型的自行车以及汽车在性能、车型以及能源成本方面的比较。

一般来说，USV比电动自行车更昂贵，但是与传统汽车相比它们的成本小得多（图4—20）。它们的重量将在1 000磅以下，如果它们由功率为4kWh的锂离子电池组供电，并使用2~5瓦的车轮电机作为推进装置，它们的性能应足以满足城市驾驶者的行驶里程和速度需求。

在考虑购买能力的同时，消费者往往看重购置成本以及运行能源消耗成本，当然还有许多其他需要考虑的持有者成本和运行成本。美国汽车协会每年都会研究购置以及使用一辆汽车的各种成本，并于年末公布研究成果，即一辆每加仑燃料可行驶24英里的中级车一年行驶15 000英里的平均成本约为每英里55美分，假定汽油价格为2.94美元/加仑（即每英里12.3美分）。这相当于日成本为20~25美元。换句话说，燃油成本不到总成本的1/4。如果冲突的可能性可以显著减少，那么保险费用尽管难以预测，也可以大幅度降低。

表 4—1　　用于城市的个人交通工具比较

	近似成本（美元）	车辆重量（kg）	最大功率（kW）	最大速度（mph）	行驶路程（英里）	每 20 英里的能耗（kWh）	每年行驶 1 万英里的能源成本（假设电力动能成本为 10 美分/kWh，汽车燃料成本为 3 美元/加仑）
自行车（1 人）	<100	15	0.2	15	10	0.25（稳定时速 15 mph）	0
电动自行车（1 人）	300	25	0.3	20	20	0.4（稳定时速 20 mph）	15
电动摩托车（前后并排双人）	600	45	0.5	20	20	1.0（典型驾驶速度）	50
社区电动车（2 人座）	7 500	600	11	25	30	1.9（稳定时速 20 mph）	95
智能汽车（2 人座）	12 000	825	52	90	>300	16.0（环保署城市行驶循环）	750
通用 GMEV1 电动车（2 人座）	600/ 月	1 350	100	90	80	5.0（环保署城市行驶循环）	250
大型 SUV 车（7 或 8 人座）	35 000	2 500	239	>100	>300	59.0（环保署城市行驶循环）	2 727

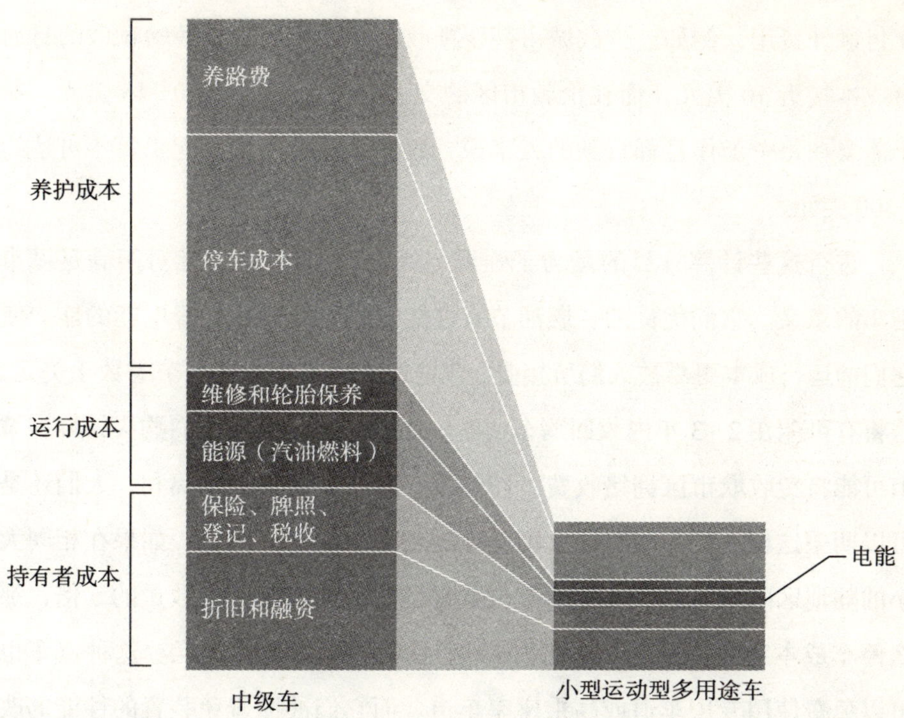

图 4—20　中级车与 USV 车型所有权和使用总成本的定性比较，2008 年一辆典型的中级车年行驶 15 000 英里的总持有成本，汽油价格为 2.94 美元 / 加仑（以纽约城市为例，停车和收费所消耗的成本）

将这称为“总持有成本”并不十分准确，任何一个经历过在十分拥挤的城市里停车的人都会知道。据高力国际物业集团在 2008 年进行的停车费调查报告显示，在曼哈顿区停车的月中等成本约为 500 美元（因此年成本为 6 000 美元）。在美国其他城市的成本较低，但是仍然较有影响，例如，在芝加哥月成本为 310 美元，在圣弗朗西斯科月成本为 350 美元，在波士顿则为 460 美元。然而，从另一方面来看，在世界的一些主要城市的月均停车成本甚至可能比纽约更高: 伦敦超过 1 000 美元，香港和悉尼则约为 750 美元。除此以外，汽车经过桥梁或隧道进入大城市时，通常还需要支付额外费用，例如，少数城市甚至征收中心区拥堵费。曼哈顿区的日通行成本接近 10 美元，而在伦敦市区的交通拥堵收费为日 10~15 美元。对于需要在每个工作日都行驶的人来说，这些额外费用累计起来每年可达约 2 500 美元。

进行这些计算，目的是为了强调 USV 车型的可负担性对于满足城市用车的意义。它们优良的“燃油节省性能”以及运用非高峰电能的能力使它们的运行成本更易被人们所接受，仅能源成本方面每年可节省数千美元，这将有可能在 2~3 年内收回购车成本。而且，为了鼓励人们购买，许多城市可能将免收取市区拥堵收费。即使没有享受到免费停车福利，人们还是可以期望这种占地小的特征大幅度地减少停车成本。例如，如果在相同大小的陆地区间里，可供停车的车位数量达到普通汽车停车数量的 5 倍，那么停车成本将为原来的 1/5，这样一个月就可节省几百美元。这种汽车也可以免费使用专用车道或高乘座率车道。而它们冲撞避免装置的性能的改善将使冲撞事故减少，这将导致保险费用的显著降低。

一个需要特别注意的重点是，电动 USV 车型运行所消耗的能源成本仅是已大幅度缩减的总成本的很小的一部分。这是对传统规则的颠覆，它不仅降低了个人交通工具对世界能源造成的负荷，而且降低了驾驶者行为受能源成本波动的影响程度。正如我们所经常看到的，在使用汽车燃料的条件下，燃油价格的上升会促使驾驶者减少出行，他们会降低对城市市中心外围地区的向往和重视程度，而且易受政策调整的影响。使用 USV 的驾驶者更可能会因为出行效率的提高以及无法预计的延迟的最小化而精神倍增——无线互联以及电子控制技术所带来的创新机会（我们将在后面的章节中阐述）。

城市用 USV 和非城市用 USV

传统汽车是多种用途的神奇结合，它具有无限使用整个道路系统的实际能力，同时在运载大量货物的时候可以高速将乘客安全、舒适地送到很远的地方。汽车在某种意义上主要是为城市设计的，但有时也具有满足城际之间使用的能力。汽车用途的多样性也带来了成本、质量、尺寸的增加，以及效率的损失，这在人口拥挤的都市环境中是非常敏锐的问题。一个典型的案例即是城市，尤其是人口相当庞大以及陆地空间有限且竞争激烈的城市，将会逐渐影响汽车的外形和功能，就如同 20 世纪的汽车改变并美化了城市的格局一样。

图 4—21 总述了小型汽车将电气化、无线互联以及发展策略等多种设计融合在一起的方式，目的是为了创造出能替代传统汽车的有竞争力的产品——USV 电动车。这些创举中的每一个元素各自都具有显著优点，但是结合起来，它们的创造价值更大。

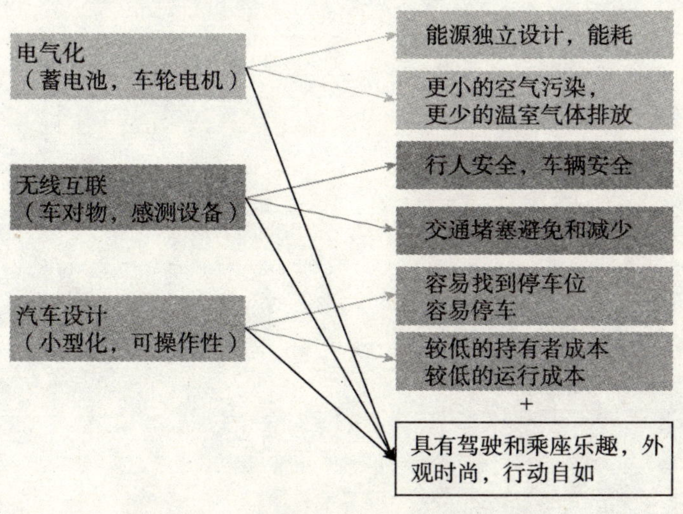

图 4—21　汽车新的 DNA 所具有的优点

电动车使用洁净能源，车身精巧，能为旅途带来众多乐趣。当它们要求使用蓄电池电能以较高的速度行驶100英里左右甚至更远的路程时，过高的成本可能令人头疼。但是当要求的行驶里程和速度低得多时，比如在城市中行驶，电动车的成本也可降下来，这可用电动自行车这个比较低端的例子做证明。

在人们购买力范围以内的USV车型，具有使用洁净能源、能效高、操作灵活、停车方便、驾驶舒适等优点，对其他道路使用者没有安全威胁，并充满许多驾驶乐趣。而且，它们以一种全新的方式赋予汽车丰富的含义，且外观时尚，令人向往。多种功能的结合，十分适合都市环境，使个人都市移动系统具有从根本上进行革新的前景。

Reinventing
the
Automobile

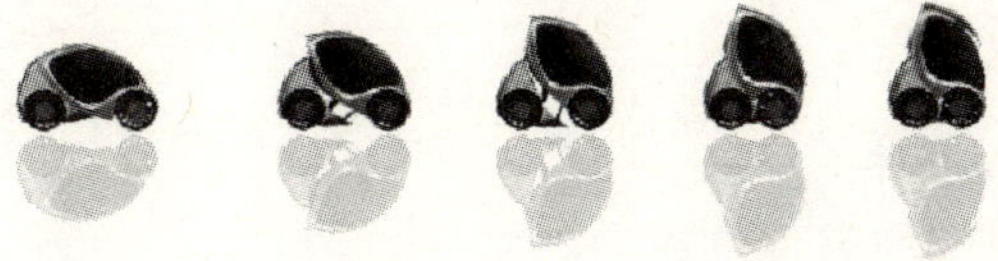

第5章

充电设施，因“汽车革命”而变

如同汽油燃料汽车需要创建成本昂贵的基础设施，以进行燃油分配并使加油站分布合理，方便人们使用（目前在美国约有 170 000 座加油站）一样，氢能源燃料电池汽车的大规模使用还有待于氢能源分配和储存基础设施的创建，因此蓄电池电动车需要充电基础设施站点。这类似于鸡和蛋的关系：**电动车需要建造充电基础设施以增加功能的便利性，并促进使用数量的增长，而充电基础设施的投资必须要求道路上的电动车达到一定数量才能进行。**

幸运的是，在现代城市里，必需的分配系统的核心依然是**格状电网**，它已经经历了一个多世纪的发展，现在随处可见。在人们的努力下，它具有一些基本功能和扩展功能以适应电动车的充电要求。关键的设计技术要点是如何以最好、成本最低的方式将能源从电网输送到汽车的蓄电池。

这个问题与汽油燃料的分配和输送问题显然不同（如表 5—1）。出于安全考虑以及规模经济因素，在一个城市里汽油应大量储存在相当少的几个地点，并且这些地点允许运油车出入。特殊油泵将汽油输送到车内的油箱里。相比较而言，电气输出管随处存在，可以很方便地与它们建立连接，需要的只是比较隐蔽的电缆而已，而不是油车通道，而且小批量的电能输送成本很低。因此我们拥有了一个更精确、分布更广的系统。

表 5—1　　汽油燃料和电气化充电系统比较

汽油燃料	电气化系统
储存在少数几个地点	许多地点可以提供
快速补充进汽车内	缓慢补充进汽车内
加油次数无限制	充电次数有限制

这对能源到汽车的运输费也有了较大的影响。在加油站里，只需要花费几分钟时间就可以再次将汽车的油箱填充满，而且汽车也不再需要在加油站排长队等候，但是蓄电池的充电时间可能更长——通常是几个小时。这是由于受到蓄电池的化学性质和充电设备——将电能从电网输送到蓄电池的"管道"的约束而决定的。

最后，油箱的填充和蓄电池的充电过程具有不同的结果。油箱可以经历无数次的填充，但是蓄电池只能满足有限次数的充电过程，之后它必须被替换或回收。而且，充放电的模式对蓄电池的使用寿命有较明显的影响，这意味着蓄电池的维护对电动车车主和充放电的操作者来说是很重要的。

充电基础设施的设计要求

需要对决定城市的充电基础设施情况的几种因素进行规划和配置，这几种因素彼此相互影响。在蓄电池能量耗完之前电动车可以行驶多远的路程呢？如果它们的行驶里程很长,那么充电站就有可能分布得比较稀疏（尽管这会增加寻找一座便利充电站所需要的时间）。如果这种车型的行驶里程被限制在较短的范围里，那么加油站的分布密度会增加。无论两座加油站之间相隔有多远，人们必须找到足够的陆地并提供电网连接以及充电设备，这些需要一定的经济成本，因此城市里公用空间和私有空间的使用措施以及设备提供者和充电站开发者的商业模式都会对加油站的配置形式有较大的影响。

到哪里去充电呢？从逻辑上来讲，首先充电基础设施应设置在有大量车辆停放的地方，这样它们就有足够的机会获得它们需要的能源。一份美国家庭出行调查数据分析显示，一般的使用对象，如家庭、工厂、大型购物中心，都是美国的大部分城市现在充电性能得到最大程度使用的地方。在图 5—1 中，每行代表行程的起点，每列代表行程的终点，颜色表示出行的频率。例如，由于从家里出发去上班的行为很频繁，因此这种出行目的被标注为黑色。其他通常的出行目的包括拜访朋友，或准备前往商店，或从商店返回家里。

然而，在说明这些数据的时候，我们必须牢记城市活动体系和陆地使用模式一直在随着移动系统而发展着，这些模式并非是必不可少的，并且也不可能保持持续的稳定，即使现在得到了大量应用。例如，在某些条件下，具有多种用途、供人们实际生活的“都市乡村”和现代化的乡村面临着“城市住宅区”的挑战，其结果是使人们日常往返于住地和遥远的工作地点变得不那么重要了。购物中心提供大型停车场的主要目的是为了满足以小汽车为主要交通工具的城市住宅区的需要，这些购物中心的未来的环境可能会失去某些优势。在日益普遍的交通工具的发展下，汽车大部分时间会停在停车站。当共享车型越来越多地受到人们欢迎时，在中途站和运输站点会更多地看到汽车停泊的身影，而不是在家里。

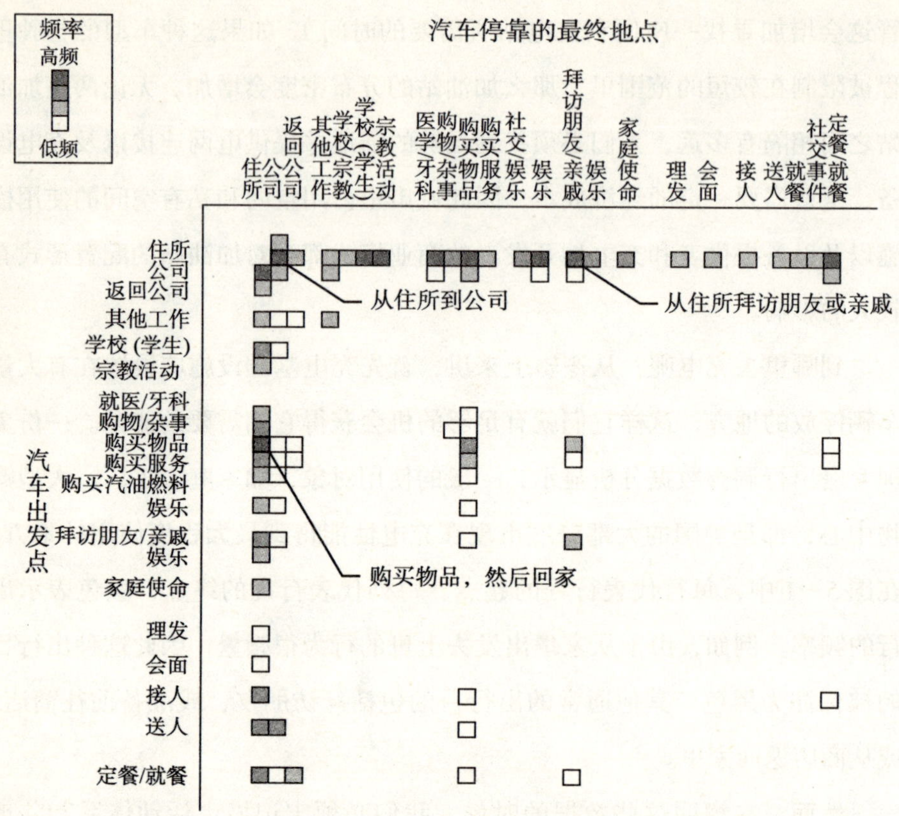

图 5—1　人们需要离开汽车至少 30 分钟时可以停车的位置（来源：麦肯锡公司对美国家庭出行调研数据进行的分析）

除了加油站的地点选择，加油站的加油速率是另一个考虑因素。例如，慢速的充电，如整晚充电，意味着充电站必须设置在汽车经常长时间停留的位置，而快速充电则意味着充电过程可以更方便、更随机和耗时更少。

充电设施的成本有多高呢？当充电设备成本较高的时候，大量使用证明了这些成本是合理的，因此充电设备的设置趋势是人口较密集的地区。但是如果充电设备比较便宜，那就可以以更小的成本建立更多的充电站。一般说来，应根据当地的条件达到最佳的混合配比。

汽车的日常使用模式也会影响充电基础设施的布局。在现有蓄电池技术的支持下，汽车内部的蓄电池组大小恰到好处。这些用于日常城市往来的汽车的充电可在一夜之间完成，使用的是标准的110伏充电插座，充电电能可满足日常行驶的需要——工作往返时间可能为几小时，行驶里程不到50英里。但是其他共享车型可能日连续行驶约达16小时，行驶里程可达数百英里。这要求要么整晚地充电以行驶更远的里程，要么要求在白天的充电更频繁和快速。（这和工厂、仓库所使用的叉车类似。和私人小汽车不同，这些车型的充电可按三个轮班进行，这样可使充电的等待时间最小化）。

不论使用什么样的充电措施，它不应使驾驶者产生“对行驶里程的焦虑感”，即担心因电能耗尽而束手无策。分布密集、当驾驶者的电能即将耗尽时提供快速充电的充电站也可解决这个问题。

充电基础设施和电网

很明显的是，城市充电基础设施的设计和配置模式必须满足驾驶者日常生活的需求。而较不明显但同样重要的一点是，充电基础设施必须与电网的性能匹配。

首先是电网容量的问题。幸运的是，在大部分情况下，110伏的充电插座可供轻松地整晚充电。但是使用更高的电压以达到更快速的充电可能会使充电站退回到站级控制级，甚至是现场控制层。

其次，还存在着电力贸易和荷载平衡的问题。电动车不仅可以从电网供电，它们还可以储存电能，在必要的情况下产出并出售。随着电动车和净化装置，以及更复杂的电网的同步进化，使这些用途达到最优化将成为一个日益重要的问题。

除此以外，一天之内汽车与电网连接所需要的时间以及电能分配的时间会影响汽车进行电力贸易的能力——以有利的方式购进、储存并出售，价格随市场行情波动。正如我们后面将看到的，这对于驾驶者的电力成本最小化是很重要的，使电网的运作保持高效平衡，并充分利用风轮机和太阳能电池板等洁净但间歇性的能源。例如，在天气晴朗的时候如果汽车没有与电网进行实际连接，那么它就不能充分利用太阳能所提供的能量。

第三个问题是供电质量问题。一个充电站里充满大量排队等候的电动车会降低电网供电的质量吗？或者，我们能充分使用设计所提供的用于有效控制频率和电压的储存能力，以更好地提供现代电子设备和智能大楼所需要的优质能源吗？

显然，电气化公用设施可以较为有效地保护充电基础设施的建立和配置，相关策略要与带给各方的利益以及着重点有关。

慢速充电与快速充电

充电基础设施的初始配置模式以及它的长期进化，将由我们已经描述的性能的均势平衡以及成本折衷方案所决定。这些折衷方案的短期利益是很明显的，但是就长期前景而言，还有许多不确定性，在探讨的过程中必须考虑到这些。

例如，现今的商业化锂离子蓄电池（或者替代产品）的充电过程很缓慢，一般在110伏的电源插座下完成整个汽车蓄电池组的充电需要8个小时或更长时间。而且，充电时间更短的充电器价格更高。例如，一个典型的充电电压为240伏的充电器需要额外多收1 000美元的费用。（其中一个原因是它们需要专门的大功率电子设备，将电能从电源插座快速传递到蓄电池的大型“管道”；另外一个原因是大量电能的快速传输会带来更高的风险。）因此，最初的电动车的电能转化模式是在使用者家里进行整晚充电，如果是白天在办公楼下的停车场和车库进行充电可能会多出几个小时的时间。

然而，这些快速充电器的配置还需要更多探索。例如，尼桑与美国清洁电动运输和电力存储技术公司（充电设备的供应商）的合作伙伴已经公布了一项预备在菲林克斯进行电动车和充电站配比的计划。这项计划是为了给人们提供多项充电选择方案，要么在家里车库使用110伏电源插座充12小时的电，或者使用家用充电器充电，充电时间仅需4个小时，成本要额外高出500~700美元，或者在公共充电站充电，充电时间为半小时或10分钟，这一充电设备成本为1.5万美元。

日本已经宣布了配置几百座“快速充电”站的计划。东京电力合作有限公司（Tepco）计划投资3.65万美元来修建充电设施，用以向小型电动车提供足够的蓄电池能源，充电时间只需5分钟，充电后汽车的行驶里程可达40公里，并且如果充电时间达10分钟，就足以供汽车行驶60公里的里程。然而，当计入支持电网性能的充电设施的额外成本时，总安装成本会更高。一个5分钟的充电站相当于一座汽油加油站，充电设施的成本大致上相当于加油站地下油罐和油泵的成本，这意味着需要与现今的加油站类似的供能模式。

近来另一个可能的替换方法吸引了人们的注意，并有可行性，那就是用配电站的带电蓄电池替换耗用完的蓄电池。这非常适合于手提电脑、电动自行车和小型摩托车，因为蓄电池体积较小，容易用手拆除和替换。对于汽车则困难得多，因为汽车上需要的蓄电池组体积更大，重量更大，而且尺寸和形状不可能一致。蓄电池配置方法增加了汽车设计的约束因素；

它需要专用的机械设备以完成配电过程，时间上难以满足加油站正常运行要求下规定的时间限制，并且可能造成加油站汽车排队等候的现象，而且有可能会致使机械装置出现故障。

总的来说，利用便利加油站为汽车蓄电池提供快速充电的设想不存在难以解决的技术问题。问题是快速充电器、设置安装以及额外的电网基础设施所带来的必要成本比慢速充电器的成本要高，而且在实际中这可能不是一个十分具有吸引力（至少没有任何赞助）的商业案例。

接触式充电和感应式充电

在一个标准的电源插座里，导电材料的直接相互接触产生了电流。这种方式非常直接而且具有效率，今天许多正在使用或处于研发的电动车通过电缆连接到按这种方式工作的电源插座里。为此确定标准需要待进一步的研究。

如同电动牙刷和牙刷支架所使用的另一个方式，就是通过感应方式传输电能，感应材料之间无需直接接触。感应式传输需要电网上的一次线圈和汽车上的耦合线圈。这可以通过较小的空气间隙或塑料等材料产生。通用汽车公司早期的电动车型 EV1 采用了感应式充电口和充电桨。

感应式充电的一个优点是为停车场内的一次线圈和汽车上的耦合线圈的布置提供了多种设计方案（图 5—2）。例如，一次线圈可布置在地板上，耦合线圈可布置在汽车下侧。这取消了电缆、插头和插座的使用，并可仅仅通过线圈定位汽车来完成充电。

一次线圈和耦合线圈的另一个好处是密封、简单和可靠。这起到了防水、防破坏功能，在恶劣和无法控制的条件下也可运行。

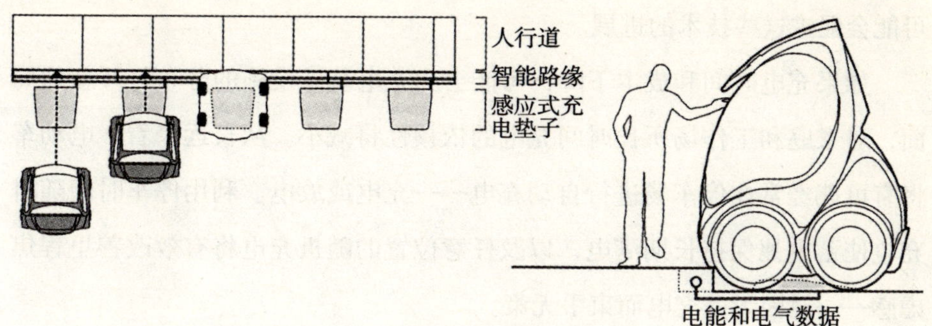

图 5—2　城市小车的感应式充电

蓄电池技术改善的意义

将充电基础设施的初始分布策略建立在对蓄电池、大功率电子设备和电网性能和成本不切实际的估算上是不明智的作法。它不会出现违背现实的奇迹，但假设现在的限制条件一直适用也是不明智的行为。随着因特网的发展，由于处理能力、存储能力和带宽所带来的惊人发展，电动车与更加智能化的电网连接技术的发展很可能促进研发方面的大量投资，并带来明显而持久的性能上的改善。

尤其是蓄电池化学所产生的限制条件不会一直存在。例如，MIT 研究所最近研制出了一种收费更高的锂离子蓄电池充放电技术。该技术还处在雏形阶段，而且人们还应注意到快速充电蓄电池无法单独完成充电，如前文所述的，它们必须与快速充电器一起使用。

这些类型的充电技术不仅会缩短汽车充电时间，而且可以接受汽车进行再生制动时电机的反作用力所产生的高压电流，这要求具有对高密度的功率瞬爆的吸收能力并可提高能效。在放电模式下，它们有助于赛车类的车型的瞬间加速所产生的快速的能源输送。对电动车需求不断增长的市场可能会促进这些技术的进展。

如果充电时间和成本下降，可能会为充电基础设施的分布打开新的局面，对家庭和工作场所长时间充电的依赖性将减小。从长远来看，电动车将有可能经常在停车场进行自动充电——充电或放电。利用停车时间随时充电使蓄电池保持长期满电，以及任意位置的随机充电将有效改善里程焦虑感——对因无处充电而束手无策。

车库的电气化系统

汽油燃料汽车对加油站的充电程序已经非常熟悉。当然，电动车消除了这项程序，取而代之的是不同的汽车和驾驶行为，这些需要仔细设计。

一个简单的充电方式是插进充电器的电源插座，这和任何家用电器设备一样。这种方案使用广泛。然而，它要求驾驶者牢记着并完成这项任务，而驾驶者有忘记这一点的风险。一个更简便和风险更少的方案是提供自动充电装置，就像可以自动插入的仓库智能装置。这在受控停车条件下当然是可行的，它更是对可能出现雨、雪或狗的街道停车空间的一项技术挑战，而且必须考虑到破坏行为。

另一个可能性是如前文所述使用感应式充电系统来导电，这仅仅要求将车停靠在与紧邻感应线圈的地方。一次线圈应设置在地板上或街道上以便与汽车内侧的耦合线圈连接（如同一些感应式充电的电动公交车），或放入竖向建筑物里与汽车头部或尾部的耦合线圈连接。

现存的停车场和车库可配置充电设备，所需的额外成本与建筑物和施工成本相比一般很低，因此这对房地产开发商和车库经营者来说是一项充满吸引力的投资。当施工成本达到每平方英尺 1 000 美元时，各充电设置点的充电器成本约为1 000美元，而提供设施的成本增量不太大。并且，当一个车流量较大的停车场停车费的日收益达到100美元时，停车场比较高的占据率以及电气化设施带来的更高的停车收费，两者的结合可以迅速转化为可观的利润。（这些数字都是近似数字，并随着环境的明显变化而改变，但是你可以使自己的汽车通电来检验这种简单分析的可靠性。）

在一些“免费”的停车场所和停车场里，例如许多大型购物中心的停车场，为顾客提供停车的成本可算做商业交易成本的一部分。当分析显示这将为他们带来更多的客户时，这将刺激企业主增加电气化设施的投资，以防止更多的顾客被竞争者吸引过去。

当然，停车场的电气化建设还可能带来其他刺激效果。例如，美国绿色建筑委员会开发的获得了美国建筑环保认证（LEED）的《绿色建筑评估体系》（*Green Building Rating System*）就是一项鼓励绿色建筑的有效手段。LEED对建造“绿色车库”的支持有效地推动了它们的发展。另外，希望达到能源和二氧化碳排放目标的市政府很可能在某些时候开始在建筑规划方案中考虑建筑绿色车库，并在许可阶段强制实施这些要求。

现有车库和车棚可配置充电设备，与房地产和施工成本相比，充电设备的附加成本一般非常小，足以吸引房地产开发商和车库经营者。如果施工成本达到每平方英尺1 000美元，且每个停车场的充电器成本达到约1 000美元，充电器的成本增量并不高。而且当一个繁华地段停车场停车费的收益达到100美元/天时，较高的占用率以及配置了电气化设施的停车场的较高的停车收费可以快速转化成可观的利润。（这些数字只是粗略的估算，并随环境的变化而产生显著变化，但你可以使用自己汽车的电源插座以检测这些快速分析的灵敏性。）

在“免费”停车场所里，例如许多购物中心的停车场里，为客户提供的停车成本是业务成本的一部分。如果分析显示这会吸引更多的客户前来消费，那么会有鼓励措施激励经营者增加对电气化系统设施的投入，或者提前预防客户被竞争者吸引走。

同时也会有为停车场提供电气化系统的其他措施。例如，由美国绿色建筑委员会开发的绿色建筑评估体系，是一项绿色建筑的有力激励措施。LEED 对“绿色车库”的支持可对其发展起到强烈的刺激作用。而且，在某些时候，对能源和碳排放目标有所要求的市政府可能开始要求在建筑物里修建绿色停车场和规划标准，并将这些要求应用到必须实施的项目中。

电动车所需要的停车空间的缩减具有释放停车空间以做他用的好处。在这种方式下会产生较高的房地产价值，还可用于支付停车场电气化设施的成本。在新的住宅里，车库可能更小，而且因为 USV 车型比较洁净，不会产生噪音污染，它们可以与居住空间更密切地联系在一起。

封闭式的停车场为任何气候条件下的充电提供了方便，并可避免雨雪冲刷。这对于气候非常炎热和寒冷的地区尤其重要，因为在极端气候条件下蓄电池一般工作状态不佳。在相同的气候条件下，使用相同的蓄电池充电系统可对汽车内部进行预冷或预热，因为这会降低驾驶时的能效并有助于提升驾驶里程。

智能街道

一些城市几乎完全依赖于路边停车建筑和停车场，另外一些几乎完全依赖于公园停车场，并且许多是混合式停车场。不论在什么情况下，两种停车场的电气化设施策略必须连接成为一个系统。

街道停车和路边停车的差别之一就是，街道停车场一般更易受到天气和人为破坏的影响。因此，街道充电设施要求更精巧并予以充分保护，这将会提升成本。

另一个差别在于街道停车场一般属于公有。尽管它们可以为市政府提供可观的收入流（停车罚款和停车费），但这些公有停车场主要是为了满足居民以及商业街的需求。如果停车空间不足，住宅房地产价值和商业价值可能会受到损失。

公有所有权制表明将纳税人的税额用于电气化系统设施是合理的，也表明住宅区和商业化街道停车场（除此以外附近没有其他收费停车场）的业主在电气化设施建设规划中直接参与股份。它将使市政府和当地政府领导人（特别是市长）在推进洁净、绿色、电动车使用方面占据优势地位。

电气化街道停车场将成为具有多种用途的日益复杂化的街道基础设施系统的新元素。目前，这些基础设施包括街道照明和应急报警系统（某些地方可追溯到19世纪）、信号灯、街道设施和公交站点、电子广告牌、传感器、安防摄像机、汽车停靠站点、wifi和手机基础设施。所有这些都要求有电子化设施和通信系统，并提供功能组合选择。随着新街道的修建，以及现有街道设施的改善，可使用独立的集成“智能街道”系统消除现有混乱状况。“智能街道”具有多种必要的电子设施、感应装置和通信系统。街道充电站在大部分时候可被看做是这些新建的、联网的街道基础设施和适合的催化剂。

特别的是，将有机会把停车收费计和汽车充电器的功能组合在一起。电子收费计已经开始取代机械力学设备，这两种装置都需要电源。它们都能感知汽车存在并计算出停车时间和能源消耗总量。这两种设施与远程通信网络连接时，可向停车场和电力设施的管理者提供可靠的实时数据。而且将这两种功能组合在一个装置里将产生明显的经济效益。

在2009年初，旧金山发起了一项公共街道充电站的先进试验方案。运用库仑技术开发的充电装置配置在一个修建期为2年的试验站里，其中包括城市汽车共享排列操纵人员和电气事业公司。充电站含有一个“立柱”设计（图5—3），电动车可通过电源插座插入。其软件用来满足驾驶人员、公用设施、自治地区以及停车场业主的需求。

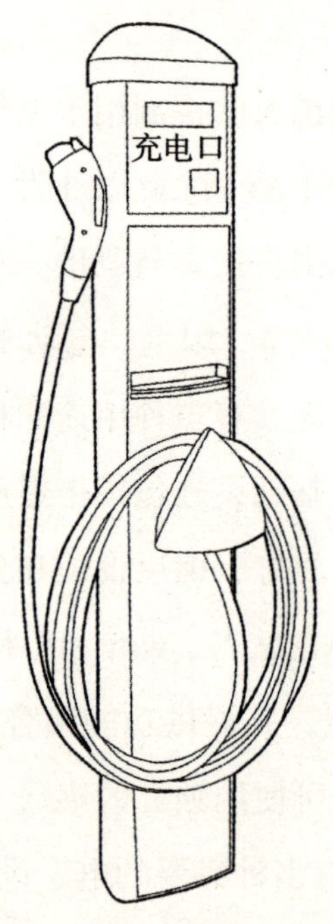

图5—3　这是设置在美国旧金山充电站的“立柱”设计，运用了库仑（Coulomb）技术

智能路缘

当电动USV具有前后出入功能，并且在一个标准停靠港湾里距离路缘的距离非常短时，实际情况就发生了变化。汽车内侧在逻辑上可成为充电点，这带来了更多的设计构想。

尤其是，还有机会研究具有供电装置和充电点的“智能路缘”，它们就安装在 USV 的前端，并与内侧上的充电点相连（图 5—4）。防水是一项效果明显的设计挑战，但是它看来并不是不可克服的，尤其是采用了感应充电方式之后。安装成本可能很低，因为可以对街道进行挖掘和修理以便安排安装的时间。在最坏的情况下，它们仅要求移走并换掉现有的路缘石，而非整个覆盖区域的。它们拥有众多的城市设计优势，因为这样不必消耗更多的街道空间也不会干扰行人的活动。

图 5—4　带有智能路缘石的路旁停车场，用做感应式充电

在大型停车场和停车建筑物里（包括现有的和新建的），可在长板上覆盖同类的“智能人行道”（图 5—5）。就像街道上的智能路缘石，它们可传递电能和充电点，并且还具有分离行人和通行车辆的优势。

图 5—5　可覆盖在现有停车建筑物平板上的感应式充电人行道

道路上的潜在电气化设施

长期以来，通过在道路表面的适当位置上设置充电分段和立筋，有可能进一步扩展电源供应基础设施。架设这一设施的最有利的位置是需要投资较高、交通流量较大而且管控较严密的道路，例如通往曼哈顿的桥梁和隧道，以及波士顿大隧道的扩展通道。

在现有的电气化电车轨道上的实验已经证明了该技术的可行性，特别是从 2003 年起用在法国港口有轨电车上的 APS（每份溶液的营养）体系。这一系统采用了道路表面的轨道系统，按电力分成长度为 8 米的分段区，中间是 3 米的中性区。为了保证行人安全，当电车轨道高出一个节段时，它可以感应到，并打开，然后当有轨电车离开节段时关闭系统。对于供能轨道节段上的传输，有轨电车采用安装在接近道路表面的滑动装置。这种装置不可能在汽车接近的时候提供较高速率的电源，以完成充电，但是通过减少蓄电池上的排水管以及关闭操作可延长驶程。

2009年，KAIST（韩国科学技术院）展示了通过道路表面上的线圈线进行感应供电的电动车原型（图5—6）。然而，对于许多较小型的汽车，仍然无法预测充电系统的经济性，这无法通过在有轨电车上的数量较小的大型汽车来检验。按这种方式充电的汽车要求的充电区域比有轨电车需要的较少，而且定位不求绝对精确。然而，带有电动导轨的电子制动的充电带状区域的组合可以解决这个难题。

图5—6 韩国科学技术院所展示的运用道路表面感应带进行充电的电动车

通过一些接触装置（例如像法国港口有轨电车）或感应系统（像KAIST汽车上的系统）可以实现道路的电气化传输。一个有趣的长期可能性（仍然在研发的初期阶段，而且绝不是实际应用）是电力的无线传输（Witricity）——它组合了由MIT研究人员马林·索尔贾希克（Marin Soljacic）所开发的感应和共振组合系统，可通过空气介质实现高效充电，传输距离远远大于使用传统的感应充电的距离。

组合停车场和道路充电设施提供了一种长期但可能实用的方式，可以减少传统的在蓄电池电动车的灵活性与有轨电车和火车等汽车效率之间选择的需求。通过设计可随时补充能源以及在电源不可用的情况下使用蓄电池充电的汽车，我们最终可以最大程度地发挥这两方面各自的优势。

充电基础设施的增量式分布

新的移动系统的一个传统问题是，需要对基础设施进行大量投资以实现交通工具可具有的好处。但是在蓄电池电动车的转换开始之前，没有必要修建大量的充电基础设施，可能会使用弹性的**增量式转换策略**。我们可以首先使用对蓄电池依赖程度比较高以及充电时间较长的汽车，然后随着充电基础设施的密度和范围的增加以及蓄电池技术的改善，逐步转换到轻型汽车。

按照地理结构，基础设施施工可以遵循理性科学的原理，以实现与人口密度成一定比例的低成本移动自由，它应该完全覆盖稠密的城市区域。在人口较稀疏的地区，它应该按照与主要的网络链接比较接近的模式来提供，这和管道水、下水道和电灯的铺设非常相似。蓄电池电动车并不十分适合于在人口稠密的地区对行驶里程范围要求比较高的情形。但可以使汽车空间充分扩展，而且产生空气质量问题的可能性会比较小。这使得氢能源燃料电池或增程电动车具有了更多实用价值。

有更多人参与到充电基础设施布置的行业，进展将取决于对于多变的约束条件的识别，刺激措施的排列，以及对相关工作的有效协调。蓄电池和充电器通过不断改善性能和下降成本，可以加速这个进程并提高可能性（激烈的竞争可以推动这一点）。电气化公用设施可以开始探索电动车和智能电网的协同作用。

打算吸引客户的房地产开发商可以探索绿色车库所带来的竞争优势和利润机会。调节器和标准给定装置可以带来激励作用。当地政府可以为领导层、城市设计人员和基础设施工程师提供开发有创意的方案的机会，以解决将这种新的基础设施与城市空间完美融合并实现安全和有效操作的复杂问题。

分布过程受到了重要问题的转换平衡的推动。驾驶人员希望尽量减少里程焦虑感，电气化公用设施将充分利用新的机会以平衡荷载并提高供电质量，商业人士希望吸引更多的客户。相关的具有可持续性观念的政府部门通过早期阶段尽可能地实现其使用的方便性，以加速电动车的增加。

和因特网的发展情形相同，这个进程可能会因为开放标准和网络外部设施而变得更便利。现有的移动网络充电点更多，对家里或公用场所增加充电点的投资可带来的好处更多。反过来，这增加了现有充电点的价值。随着网络的完善，电动车将变得更轻，能效更高以及更加实用。

不存在无法逾越的屏障

对充电基础设施进行大量投资以推动电动车大规模的使用是不必要的。通过家用和工作场所的标准的110伏的电源插座进行缓慢充电在开始的时候就足够了。

然而，这种充电策略的确具有明显的局限性，并且随着电动车使用的增加，可能会证明对更复杂的充电基础设施的投资是合理的。这将会使充电基础设施的应用扩展到停车场和建筑物，并最后应用到道路上。它将有可能减少充电时间，首先会降低汽车在城市停车空间花费的小时数，最后随机充电所需要的时间减少并尽量减少汽车的停工时间。这会带来良性循环：更多的电动车将会增加范围更广和更复杂的充电基础设施，这种基础设施也会增加电动车的吸引力。

Reinventing
the
Automobile

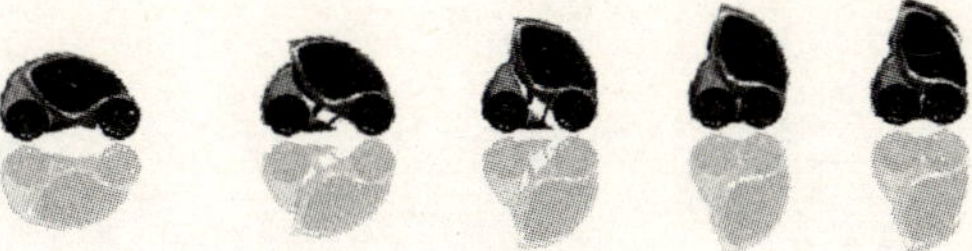

第6章

打造可持续性的智能电网

过去，以汽车为主的移动系统和电力供应系统在设计和运用时都是两个完全独立的个体。随着移动系统的电气化，将上述两个系统精心结合将带来越来越多的优势。电网和电子电力学专家、信息技术专家以及电动车辆设计师将需要一起合作创造新型的城市系统。

把电动车简单地当做电力消费者的想法未免太狭隘了。在电气化停车场停放大量的电动车有助于大规模地提高电网的储电量。目前的电网储电量为零或者很小。当用电需求量较少时，电力供大于求；而用电需求量增大时，电力供不应求。这个方法可以解决**负荷调平**这个众所周知的难题(见图6—1)。而且这种双向功能非常经济，汽车在行驶时可充当移动设备，泊车时可充当储电装置。

电动车与电网的紧密结合不止带来了负荷调平这一个优势。电网专家指出，电池蓄电还可促进电压与频率的调控。总的说来，电动车不应该被视为被动的电力消费者，而应该成为电网高效管理的主动参与者。

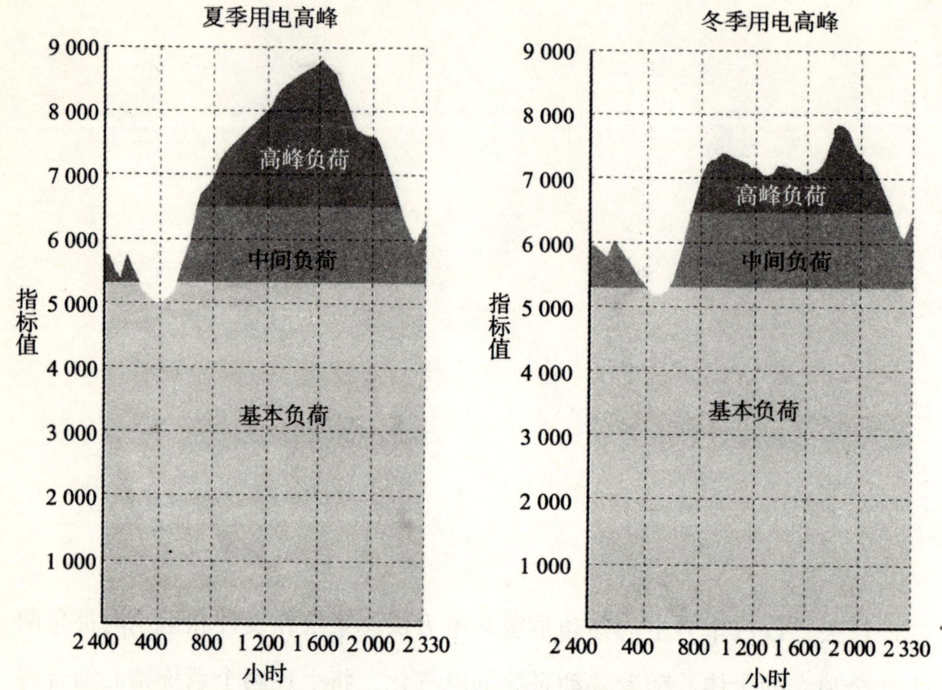

图 6—1 这张典型电网的负荷曲线图表明了运用电动车辆平衡电量的潜力。车辆可以在用电低谷时购入并储存电力，避免在用电高峰时购买，甚至可以在高峰时出售电力

负荷调平策略

要利用电动车负荷调平的功能，最简单直接的方法就是在早晨充电。那个时段很少有人使用车辆，而且电力需求是最小的，价格也是最低的。汽车应该被设定为在比较有利的时段充电。或者，汽车可以在比较完善的系统中监测日常使用状况和电价，并优化充电方案。

原则上来说，电动车可以从电网中以低价购得电力，并在用电高峰时以高价售出。例如增程型电动车可以出售自己发的电。当您去度假暂不使用电动车时，可每天在用电低峰期购电，并在用电高峰期将电售出。然而，重复充电和放电会损耗电池寿命，需将电池成本从所得利润中扣除。比起从这种交易中获取的利润，让汽车总是处于充满电的状态所带来的便利也许更加吸引人。简而言之，在用电高峰期售电没有在低峰期购电那样有吸引力。然而，随着技术的不断进步和利益的不断平衡，这种情况会有所改变。储存在汽车电池的电力可作为紧急后备电源。

经过计算，我们很快得出一个结论，即电动车的负荷均衡能力并非无足轻重。一个典型的城市家庭每天用电量为 10 千瓦时，而一台电动车的电池组储电量也与此相当。一个城市的汽车数量大概等于这个城市家庭的数量，因此这些车可以存储大量的电，每天为所有的家庭提供电力。

然而，运用电动车进行负荷均衡的效果取决于实际电价。下面以 2009 年美国的电价为例来解释这一点。超小型电力车（USV）行驶 8~10 英里耗电 1 千瓦时。1 千瓦时的均价为 8~10 美分。这意味着，以均价计算，超小型电力车的车主每行驶 1 英里需支付 1 便士，如果每年行驶 10 000 英里，则 1 年需支付 100 美元。现在假设他们以每千瓦时 5 美分的价格在用电低峰期充电，每年便可省出 30~50 美元（相当于一桶至两桶汽油的价格）。如果他们每天以 15 美分的价格在用电高峰期出售 2 千瓦时的电，则每笔可以赚进 20 美分，并少行驶 16~20 英里的里程。但如果电费不上涨，又没有其他激励措施，这种做法并没有吸引力。

然而这种分析的前提是每个家庭都拥有一部车，而且充电次数不多，也不考虑续航里程问题。对于第 7 章中所讨论的提供按需服务的车辆数目较多的情况，优化用电方案至关重要。同时，如第 5 章所述，在可随时自动充电的情况下，并不用担心续航能力降低。

目前还有许多问题仍未得到解决，然而有一点很清楚：在大规模能源系统中，电动车拥有一个非常重要的新优势，那就是当车辆行驶时，使人们能够移动；当车辆未行驶时，连上电网，就可以为电网扩充其迫切需要的储电容量。不像如今的汽车，大部分时间都停着不用，电动车则完全不必闲置。

提高化石能源的利用率

在实际操作上，电网从哪里获得能源，从而为大量的电动车供电？这个问题的答案取决于电动车是否能够大幅度地减少碳排放。

在如今的大部分环境中，电网中大部分的电能来源于燃烧化石燃料的大型发电站，化石燃料包括煤、石油以及天然气。这个过程产生了世界上大部分的碳排放。在中国，这一问题更为显著，因为其电力生产严重依赖于煤炭。在燃煤发电站控制碳排放比控制汽车尾气简单，并且将来有可能做到隔离在发电站产生的碳。但是，从碳排放的角度来说，使用燃煤所发的电来代替汽油只是把问题从汽车的尾气管转向了发电站的烟囱。

然而，我们应该对超小型电力车的高能效有深刻体会。即使是用煤发电，它们排放的温室气体也比使用汽油的传统汽车甚至混合电动车要少得多。

能源专家要求人们改变这种长期以来的发电传统，并制订了一个极具挑战性的2050年目标，这个目标包括在2050年之前不再使用化石燃料。然而人们在现存电站和供应线进行了大量投资，而且充分开发和部署新型发电方案也需要时间，因此改革只能循序渐进。从现实的观点来看，要让新型发电方案尽快取代化石燃料，我们需要采用渐进增量式策略。

作为一个良好的开始，可以首先将燃料燃烧的地点从移动的车辆内转移到固定的建筑设施里。不同规模的**热电联合系统**（CHP）已经得到了广泛而成功的运用。热电联合系统利用了人们熟知的热电联产原理，在有效地发电的同时产生热量，用来烧水和供暖（见图6—2）。有些热电联合系统还可提供冷气。热电联合系统既可以安装在单个的大楼里，也可以用于社区。热电联合系统产出的电既可以为建筑提供能源又可以为泊在车库的车辆充电。

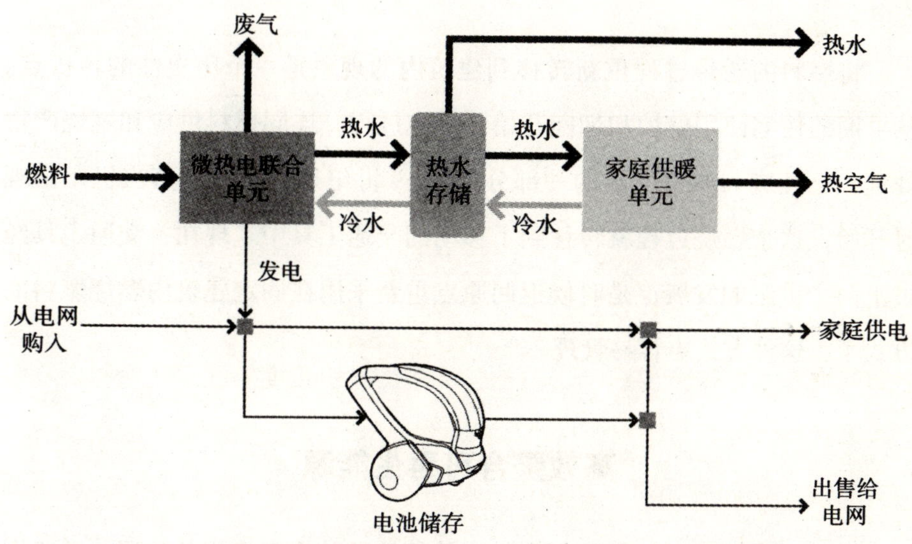

图6—2　热电联产原理在家用太阳能供暖与制冷系统中的应用

从转化过程来看，这种方法比数百万辆车燃烧汽油更为有效，这是因为热电联合系统的热能利用率更加充分。而且，通过将比车辆少得多的燃煤工厂联合起来（尽管仍然多于集中化的大型发电厂），可达到规模经济效应。固定这些发电厂可以省掉本来需用于厂址搬迁的能源，放宽发电厂设计的空间和规模限制，简化燃料供应和储存系统。这些燃料只需要到达少数固定的发电厂，而不需要用于为数众多的车辆。这有助于改善碳排放和提高其他废品管理的效率。

最早的热电厂规模很大，针对大学校园之类的场所，主要用于发电，副产品为热能（热水和暖气）。最近，微热电联合系统的成本优势变得越来越大，主要用于家庭和小型商业大楼中，而且其侧重点发生了转移，主要用于供暖和烧热水，发电反而成了副产品。通常，热电联合系统的发电量会超过所在建筑的需求量，而这些多余的电可用来为车库中的电动车充电。

将燃料的燃烧过程重新转移到建筑内的现象是一个历史性的转折点。从早期的住宅使用壁炉和烟囱开始，燃烧过程，连同燃料供应和燃烧产物处理，已经成为城市生活的一部分。从 19 世纪早期第一台蒸汽机车出现时开始，这个燃烧过程就转移到了移动的交通工具中。现在，交通工具经过了两个世纪的发展，是时候返回原点重新采用在固定建筑内燃烧燃料的方式了，这种方式更容易管理。

高效整合可再生能源

选择逐步使用清洁的可再生电力能源比转移燃料燃烧的位置更具吸引力。在整个汽车动力供应链中，使用可再生能源可将化石燃料的消耗和碳排放减少到零。

城市及城郊地区都在太阳能辐射范围内，拥有水流和气流、从地球表面向下延伸的热梯度，有时还包括地热能等资源。人们可将检测设备安装到如屋顶、塔楼、大坝、水井、地下室等地方，而且放置和修建太阳能集热器、水电站、潮汐发电站、风力涡轮机、热泵和地热“矿井”等都是有可行性的。但为什么不将这些做法规模化呢？

城市中的可再生资源数量是惊人的，但问题是如何采集这些资源。可利用的采集设备的效率不高，特别是在一些城市中，阳光被遮盖会影响太阳能集热器，风力阻碍会影响风力涡轮机。因此，这些资源的单位发电量会受到限制，而成本又很高。然而，随着技术的进步，本地自产的可再生清洁能源会在城市交通能源供应方面发挥越来越重要的作用。

太阳能电板和风力涡轮的另一个问题是供电的不连贯。当你想开车的时候，不一定有阳光和风。也许我们需要像水手一样，等待合适的出行时机。但这在现代都市中并不可行。

通常，除了高昂的直接成本，这种不连贯性的实际影响就是增加了运行储备的成本（为了应对高峰负荷，准备随时上线运行但还未使用的备用发电机）。运行储备对于保证充足的电力供应很有必要。但是，太阳能和风能若与蓄电池和城市移动电力系统的负荷调平相结合，成本可降低（见图 6—3）。通常在午后几个小时，太阳能电板中发电量达到最大值，可在午后给电池充电，为晚间高峰期做好准备。而风涡轮通常在晚上发电量达到最大值，可在晚上给电池充电，为早晨高峰期做准备。总之，当电网吸收了足够多的低成本电力之后，供电的不连贯性也算不上大问题了。

电动车与电网紧密结合又带来了另一个重要的好处。电动车不仅放弃了使用化石燃料，转而利用可再生的清洁能源，而且还可通过“免费”提供电池储电空间（因为汽车总是需要电池的），减轻供电的不连贯性，提高利用可再生能源电网的效率。

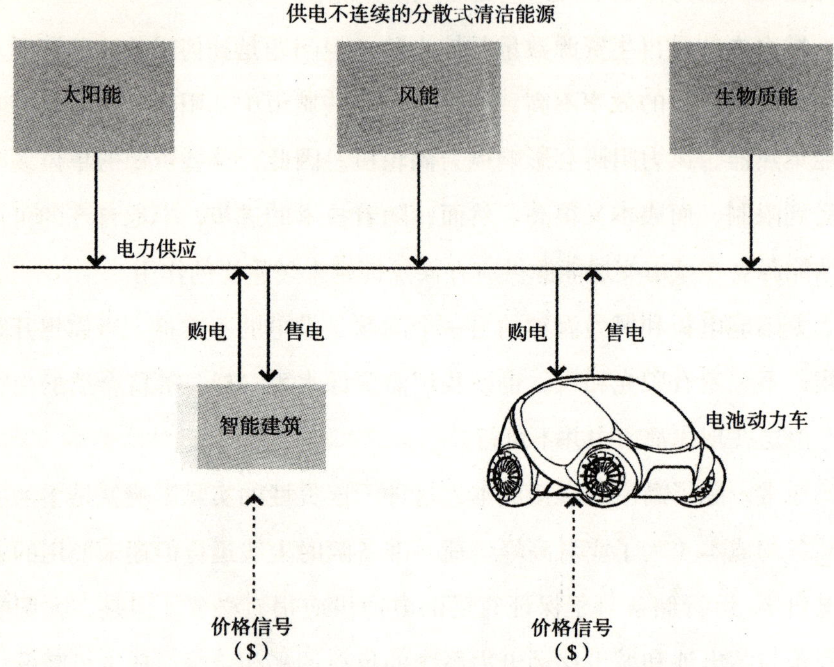

图 6—3 供电不连续的可再生能源与电动车的电池储电功能有效地结合

分散式城市能源系统

大规模移动供电系统的另一个潜在问题就是，在长距离运送能源时，电网能源损失率相当大。通常，从发电源头传送电力至能源消费点，能源损失是无法避免的。因此，要使位于遥远山区的水源或沙漠中的太阳能集热器为城市车辆高效地提供电力是一件较困难的事。将来，新的传输技术会减轻这种能源损失，但并不会完全解决这个难题。

然而，在城市网络中，通过分散和结合发电点和耗电点的方法，使用

分散式系统可减少传输损失。这种分散式系统由建筑物地下室混合热电联合装置、屋顶的太阳能电板和位于风能丰富地点的风涡轮组成。在统一控制下，这些呈网络分布的小型装置可以充当虚拟发电站。

电力存储的结合可以进一步加强分散式系统的效率和可靠度。大家都知道，电动车的电池可以存储部分电力。当这些电池用过一段时间后，性能会降低，虽不足以驱动汽车，却还是能够在建筑物的地下室中储存电能。建筑物中多余的电可以转化为氢储存起来，之后再通过建筑或汽车中的燃料电池重新转化成电力（这些汽车也是在建筑物中的储电点充电的）。

与其说这种系统像传统的、集中式的发电、传输以及配电系统或大型计算机系统，不如说它更像互联网（见图6—4）。这种系统拥有服务于电力、存储和消耗电力的设备。有些设备不能移动，有些设备可以移动。设备之间的环节充当必要的双向交换，而不是从发电地点到用电地点的单向交换。

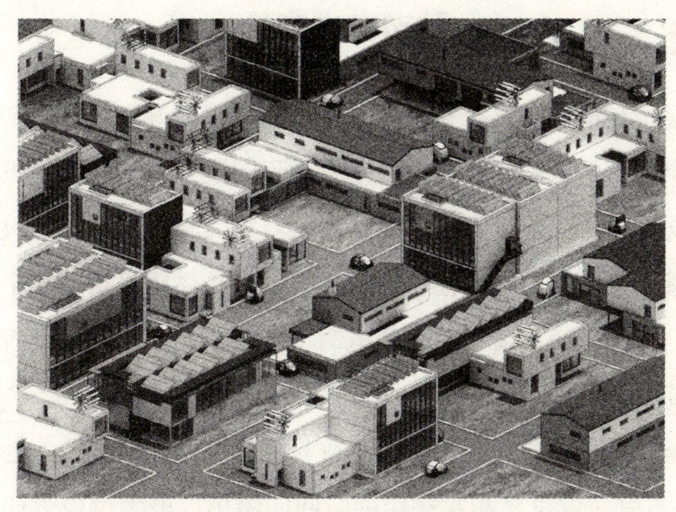

图6—4 类似互联网的分散式能源系统

最终，这些类似互联网的能源系统可以与结构类似的供水系统和废品回收系统结合在一起。抽水会消耗能源或电力，将水运送到高层以及在隔热槽中加热水可以存储能量，涡轮（或者城市水供应系统中的减压阀）中的流水可以发电。可以利用城市中的废品，作为热电系统的燃料，或者用于生产甲烷做燃料。

这些在今后会促使城市提供的基本服务发生改革。在过去，水系统、油气系统、电力系统和废物处理系统非常单一和集中，建造和管理也是分离的。而现在，这些系统可以开始合并，进化成为分散的、统一整合的系统，这种新型的系统可以提供和分配城市所需的能源。这些结合更紧密的城市系统不仅效率极高，而且因为分布分散，数量很多，变得相当稳定。像互联网一样，即使某个部件出现故障或被毁坏，或当某些电源受到阻碍的时候，他们也可以继续高效地运作。

动态电力定价

很明显，与电动车系统相结合的分散式城市能源系统是复杂的，在管理上是一个极大的挑战。从供应方来看，不同地方的不同发电机产出有所不同，不同地方的电储量和氢储量也不等。从需求方来看，建筑和移动系统每天每周的能源需求也不同。在管理上，保持供需平衡是一个难点：供需平衡了，才能使消费者在需要用电时不会得不到满足；生产者也无需过度投资保证电力供应。

要达到这个目的，一个有效的管理工具就是**动态电力定价**（见图6—5）。动态电力定价是指在较短的时间间隔中，电力供应方调节向消费者出售电力的价格以及从小型生产者（例如房屋屋顶上的太阳能电板）购电的价格。当电网的负荷较高时，电价上升；负荷较小时，电价下降。价格调整的管理目标是将负荷波动控制在可以接受的幅度。

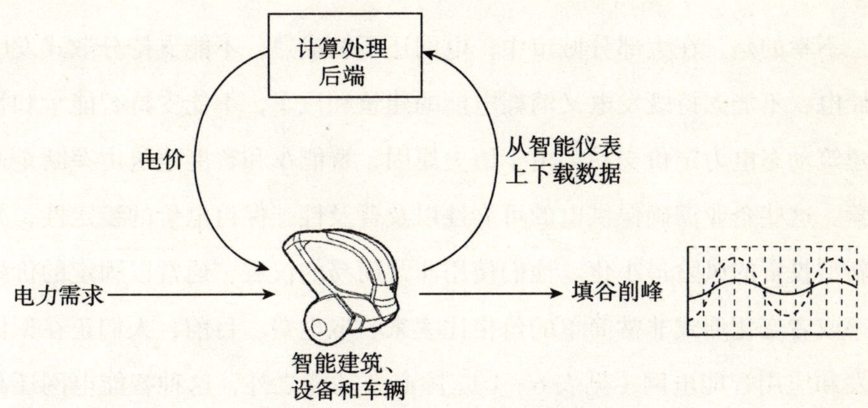

图 6—5 使用动态电力定价原则来平衡供给需求

动态电力定价的基本假设是消费者行为的弹性较大。对于价格信号，消费者可以在较大的范围内决定何时给车中的电池充电，何时使用各种设备（例如洗碗机），何时调高或调低空调的温度，何时售出储存在电池或燃料电池系统中的电力。最优的消费策略是在电价较低的时候购电，在电价较高的时候售出。

经营这种类型的电力市场需要成熟的信息和通讯技术。必须精确地计量各地的用电量，并实时传送给电网运营者。运营者必须实时处理大量的负荷信息，并计算和调整价格。车辆、设备和空调系统等必须足够智能化，以运用最佳的电力交易策略。也就是说，针对波动的、有时无法预估的价格信号，这些系统必须以尽可能有利的方式购买、储存以及出售电力。结果将形成一个实时反馈环路，这个环路连接电力购买者和生产者，维持供需平衡。

电动车与智能电网同时出现

不幸的是，在大部分城市中，电网还不够成熟，不能支持分散式发电和储电，不能支持既发电又消耗电能的建筑和汽车，不能支持智能车和智能建筑动态电力定价交易。由于历史原因，智能车和智能建筑由垄断企业经营。这些企业需确保供电的可靠性以及普及性，保持电价的稳定性，并将新型投资的风险最小化。他们使用非常简易的仪表，通常以固定的价格比率或者变化形式非常简单的价格比率来收取电费。目前，人们正在积极开发和应用智能电网（见表 6—1）。除必要功能之外，这种智能电网还具有其他优势，在这里不一一说明。

表 6—1　　当前的电网与新兴智能电网的对比

现在的电网	智能电网
常规的仪表	智能仪表
固定价格	动态定价
只能集中发电	可分散式发电
不能存储	可储存电力
不适应清洁、可再生但供电不连续的能源	更适应风能和太阳能
信息技术使用程度低	使用数字网络和精密的大型计算处理后端

在智能电网的开发过程中，一个关键的步骤就是用现代数字仪表取代老式仪表。现代数字仪表可以提供较短时间段（最短 15 分钟）的读数，使消费者与供电方进行双向交流。因此，电价可经常得到调节，需付电费也可依据更为灵活的价格浮动来制定。消费者可接收到反馈，从而根据价格信号来优化用电方案。

另一个重要的步骤是建立双向电力流动。流向消费者的电力不仅源自电网，还来自建筑屋顶的太阳能电板，当地的风力涡轮机、氢储存点、车辆的电池组等。然后电力再从消费者回流至电网。这些回流至电网的电力需以比较短的时间间隔计量，出售给电网的电价也必须进行调整。

第三步是建设能对价格信号做出反应的针对智能电动车、建筑空调系统、家用电器、分散式发电机和存储器等的车身智能电气设备和系统。若条件允许，这些装置应该在电网中的电力价格较低时购电，并且避免在电价较高时用电或售电。

要实现上述步骤，需建立一个高速电力系统通信网络，完成大规模数据处理和实时控制工作。应该测量大型分散式动态系统的状态，实时分析大量的数据流，并将价格信号传送到分散的生产、储存和消耗地点。电网运营商必须计算出最优价格，让智能设备与电网进行交流，并计算出最优反应。这个任务虽然具有挑战性，但是可行性却越来越大。

智能电网可以为建筑和电动车车主提供工具，管理其能源消耗和碳足迹。其中一个途径就是提供分析和控制工具的门户网站。智能电网用户可以访问某个门户网站，衡量某个电源组合方案的价格和环境影响，从而选择充电策略。

目前，人们已经试运行了一些智能电网。许多公司开始开发和生产智能电网的硬件和软件，可能很快就会得到大规模的应用。南加利福尼亚爱迪生公司（Southern California Edison）、太平洋煤电公司（Pacific Gas & Electric）、美国电力公司（American Electric Power）均使用了智能电网技术。最具挑战性、最有趣的实验项目之一便是科罗拉多州博尔德的“智能电网城市”，该项目是由埃克西尔能源公司（Xcel Energy）、美国国家可再生能源实验室（National Renewable Energy Laboratory，NREL）、美国格电网公司（GridPoint）等公司合作进行，目标是建设一个覆盖5万居民用户、企业用户以及轻工业用户的系统。

20世纪的工业国家建造了两种规模庞大但互不相连的能源转化系统，这两个系统分别是轻型汽油动力车系统和电网系统。而现如今的状况有所改变，电动车和智能电网技术开始出现相互结合的趋势。这两种系统一起成熟，互相促进操作效率的提高以及大规模发展，结合程度也会越来越高（见图6—6）。

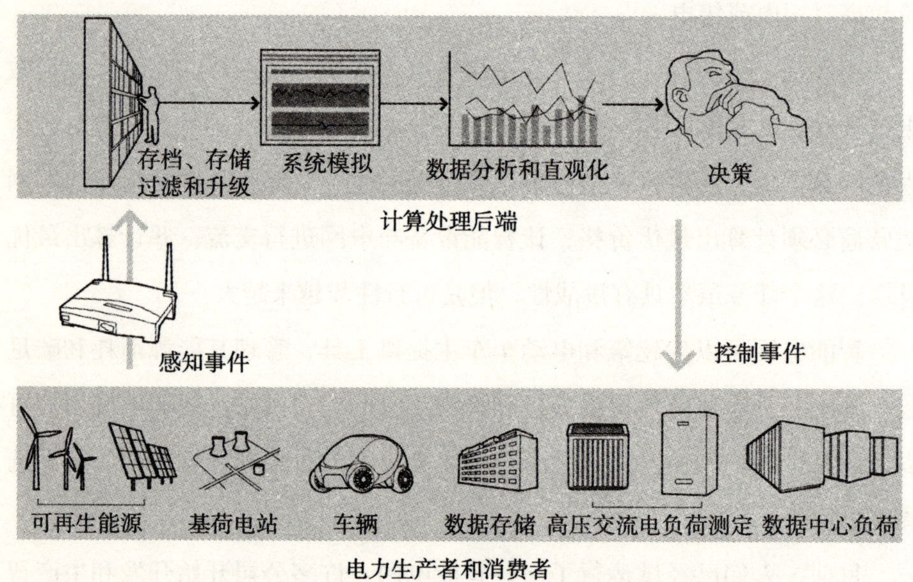

图6—6　智能电网的运作：实时控制下的生产、分配和消费

智能可持续性

我们再也不能将汽车视为独立的机械装置，偶尔以不合理的价格从结构不良、性能不稳定、供给不可靠的供应链购买散装的能源补给产品。要想全面地提高城市能源利用率，我们也不能只关注汽车将能源供给转化为行驶动力的能力，因为这只是一个长长链条中的最后一环。

我们必须开始将过去独立的城市支持系统结合起来，并对这些系统进行统一管理。这些系统包括燃料系统、水系统、空气供应系统、能源转换系统、电力和房屋服务系统以及移动系统。我们必须建立一个电力市场。这个电力市场可以对各地不断变化的需求做出有效的反应，通过动态电力定价和实时反馈环路来保持供求平衡。我们要在这个拥有明智的买家和卖家的市场中生产智能车。

尽管汽车已经尽可能地从移动工具向综合的移动和电力系统转变，但他们还可以变得更加简单和轻便。未来的汽车不需要很多电池，因为电池过多会增加汽车的成本和重量，降低能源效率，而且最终还要面临回收的问题。

这是个系统性的智能可持续性策略。为了提高效率，这个策略关注的是整体的系统性能，而不仅仅是各种部件和子系统的性能。它利用数字网络和分散式的智能功能，形成了城市神经系统，从而对城市能源系统进行细致的、灵敏的实时控制。这虽然是一个长期的大型项目，但绝不是不可能实现的乌托邦。更新基础设施的投资是实现这个项目的良好开端。

Reinventing
the
Automobile

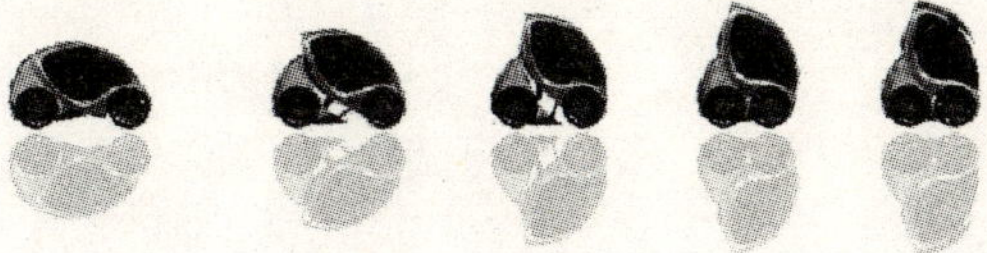

第7章

塑造新型交通系统

设计出清洁安全、快速有趣、美观便宜的汽车是个人城市交通方案革新的一个方面，另一个方面则是将这些汽车整合到有效运作的城市体系中。毕竟，即使一辆电动车消耗的电能产生于可再生资源，但如果遇到交通堵塞，车辆开着空调停在原地寸步难行，仍然会跟传统汽车一样导致能源浪费和环境污染。

从第 5 章中，我们了解了如何更加有效地利用能源供应系统。由于电力的供求关系上下波动，智能电网的操作者会随其波动对电费进行调整。与此同时，智能汽车也会对价格信号做出反应，通过计算所得到的最有利的方式来买卖和储存电能。这样便形成了一个及时的循环反馈机制，以确保供需平衡。

在本章中，我们将介绍如何将动态定价和能使司机对定价做出适当反应的智能汽车结合起来，并应用到个人城市交通体系所需的其他基本资源中，这些资源包括路面、泊车位、车辆及保险。

动态定价的广泛应用为人们带来了许多便利。清楚明了且合理的旅行定价为个人的选择和全社会总体系统的优化提供了坚实的基础。对司机而言，可以对旅行的所有成本一目了然，从而对出发时间、路线及其目的地做出充分知情的决定。对城镇体系而言，在提供交通工具以实现社会公平和其他的政策目标的同时，城市空间和基础设施价格的可行性使得管理体系得以有效化。而从商业的角度来看，它则为借助广告和价格刺激政策来吸引顾客创造了新的契机。整体效果是实现个人城市交通体系的自我组织管理，即在尽可能有效降低对能源供应体系、城市空间、车辆及行车时间的需求的同时，满足各种需要。

我们从路面和泊车位这两个市场开始考虑。原则上应该确保供需达到合理的平衡，要做到这一点，就必须以综合的方式有效地分配可用的空间来满足场地和时间的需求。而这两者是相辅相成的：汽车在行驶时是不可能需要泊车位的；反之亦然。

由于司机处理信息的能力有限，我们不能指望他们会密切关注不断改变的路面情况和泊车位的价格，从而对自己的行为进行相应的调整。但是，我们发现智能汽车能很好地完成这个任务。

缓解交通拥挤和泊车位紧张

对城市道路和泊车位的需求在时间和空间上的分配高度不均衡，导致长久以来一直无法实现资源的有效配置。

那么，自然而然，汽车就会集中在市内受欢迎的地段，从而造成附近交通拥挤。而同时，其他的道路却是空荡荡的。人们都想将车停在这些地段附近，从而造成附近的泊车位饱和，而其他地点的泊车位却空荡荡的。

人们都想在高峰期外出旅游，而很少选择其他的时间段。如果道路和泊车位按照高峰需求来配置，那么在其他的时间段，资源就没有得到充分的利用。但是，如果道路和泊车位按照一般需求来配置，那么就无法满足高峰需求。

正如供电一样，要缓解需求高峰期。我们可以利用道路和泊车位的冗余及旅行的灵活性来达到这一目的。

不像高速公路那样专为大的车流量而修建，城市道路体系的空间大都是绰绰有余的，为大多数目的地提供了许多可供选择的路线。当然，每个人都想选择最短的路线，但是如果较远的路线便宜得多，您就有可能会选择较远的路线。这也就为采用价格刺激策略提供了机会，从而使道路空间能得以均衡分配和有效利用。

对于泊车位，也同样如此。在城市中分布着许多泊车位，有的邻近您的目的地，有的则较远。若能将车停在离目的地近的地方，何乐而不为呢？但是如果远一点的地方更加便宜，您可能也会欣然接受。

另外，对交通的需求也有一定的灵活性。城市居民可以根据路线价格来改变他们的旅行时间，选择可行的目的地，或者是干脆决定不外出旅行了。航空旅行就正是如此，通过定价来调整需求量也是司空见惯的。

交通拥挤定价原则的延伸应用

要想对路面、泊车位系统制定出有效的动态定价，**第一步就是跟踪车辆什么时候在哪里行驶，从而收取相应的通行费**。GPS 定位跟踪系统，结合无线连接，可以为计价器传输道路使用状况的数据。GPS 卡车跟踪系统现在已经广泛应用于卡车车队管理。从 2000 年中期开始，GPS 卡车付费系统已在德国投入使用。

如果实行一般的 GPS 跟踪，就暴露了驾驶者的行踪隐私，人们也就不能接受这种方式（正如常用的交通监测系统：监控摄像机和电子收费扣款设备）。然而，在不公开这些信息的情况下，计算出车辆的行驶路径（如车速和通行费）并对时间和位置数据进行加密是可行的。

下一步就是根据道路的拥挤程度来调整道路使用费的价格。道路十分拥挤时，每公里的价格就会上涨；道路很空荡时，价格就会下调。根据道路的拥挤程度来管理道路供需关系的理念广为人知并经过了广泛的研究。1975 年，新加坡首次引进并执行了大型交通拥挤定价政策。而最为著名的案例则是始于 2003 年的伦敦交通拥挤收费区，它影响了伦敦市中心地区的交通情况。

但是，现存的交通拥挤定价政策相对来说不是很完善。其调价幅度分段较少，并且只是对少量的较长路线和部分地段的收费价格进行调整。而且，他们只覆盖了部分城市道路交通系统，这样便将交通拥挤转移到了另一部分道路交通系统。由于拥挤程度不断变化，所以在这里将讨论如何使交通拥挤定价系统均匀分布在全市范围内，并将价格的调整细致分段，与交通拥挤的浮动状况相对应。

这就需要紧密地跟踪监控全市的车流量状况。这种监控已经通过现有的城市交通管理系统得以实现，如洛杉矶交通部的自动交通监测和控制系统（ATSAC）。通过路面电感环线系统（事实证明效果并不令人满意），或者如许多自动收费系统一样，通过将道路上的感应器和机车内的自动应答电子收费设备结合起来完成这一任务。另外，如前所述，利用 GPS 对车辆进行跟踪的方式也可以胜任此任务。

价格可能并不只取决于交通拥挤这一因素。比如，规划者可以对安静的居民区路段征收额外费用，人们很可能就不会行车经过那里了。相反，人们可能会经过那些收费打折的地区。或者，通过电子识别驾驶者和适当的隐私保密系统，为老年人、低收入服务业工作者、拼车族等提供一定的道路使用费折扣（正如公共交通系统打折卡一样）。

在这种体系下，对于驾驶汽车的人来说，一次公路行驶的费用等于实际行驶的路段距离乘以每英里的单位价格，此价格主要取决于交通拥挤程度及其他因素。主要目的是使司机们尽量少穿过交通拥挤的地方，同时均衡高峰期的道路供求关系。

对于驾驶者，应对这些刺激政策，有以下几种方法。为了充分利用价格优势，他们可以灵活地选择提前或推迟出发。他们还可以选择不同的目的地，例如当他们想在便利店买一些牛奶，在可接受的范围内有几个不同的店供他们选择。还有，他们可以选择不同的路线达到目的地，这取决于道路结构和公路网。网格道路系统提供了许多可达目的地的路线，而那些树状结构的市郊袋形路道路系统可能只提供了少量路线甚至仅仅一条路线就能到达一个特定的目的地。

道路收费及导航系统的优化和一体化

对于这一系统的运作，驾驶者要获取关于旅程选择、价格、时间的准确实时的信息。这些信息是由大型分布式计算和通信系统来提供的。

提供了实时的道路价格信息后，再通过这个系统无线传送到汽车的GPS导航系统。这就不仅需要计算出到达目的地的最短路线，还要计算出最便宜的路线。驾驶者会根据旅程时间选择最短的路线，根据费用选择最便宜的路线，或者选择最可能在预期时间内刚好达到目的地的路线。这就为调整道路距离（见图 7—1）提供了一个实时的电子循环反馈管理系统。在这个系统中，车辆选择的路线会适应总体价格，与此同时，总体价格也会影响车流量的分布。

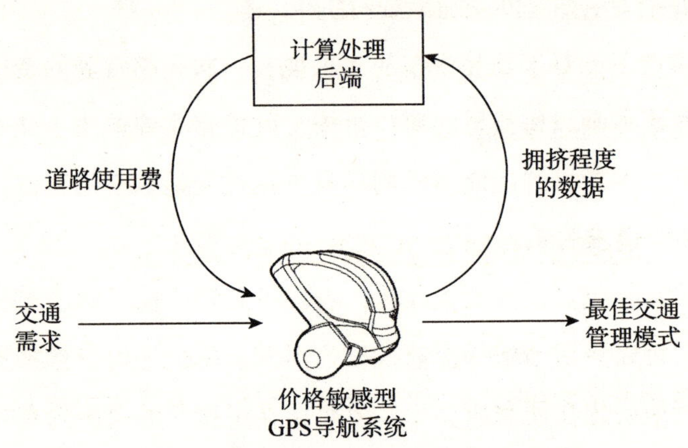

图 7—1　动态道路定价的逻辑图：价格信号调整路面需求并缓解交通拥挤

然而，这是个很复杂的工程。需要确定的并不是在还没到达某路段时就考虑该路段当时的实际价格，而是要预测车辆实际到达该路段时可能会达到的价格。因此，计算旅程时间和费用的软件必须得考虑到预期的交通拥挤程度和价格，当然这些预期一般存在着一定的不确定性。

更加复杂的是驾驶者常常需要确定的旅行时间和费用。所以，为了使这些信息真正有用，应该计算出能最大限度减少意外延迟的路线，使他们最有可能准时到达目的地。虽然非线性随机问题的优化是很难的，但有些算法可以解决这一难题，智能汽车应该能够具备足够强的计算能力来执行这些算法。另一个补充的方法是采用电子交通管理和碰撞预防技术来减少导致的意外延迟的事故。

路面市场就是以这种方式构建起来的，这与当今的市场形成了鲜明的对比。现在的驾驶者既没有根据使用率来缴费，也没有以固定通行费的方式和十分简单的交通拥挤定价机制来缴费。在越来越复杂的市场中，有些人要求降低意外延迟的风险，有些人则要寻求更低的价格，那么运用导航计算算法就可以来满足每个驾驶者的不同需求。与证券交易的算法类似，这些算法也可以不断地变得越来越复杂。同时，城市道路系统的管理者可以制定定价政策来刺激驾驶者尽可能有效地利用道路系统。

动态定价原理在泊车位市场的应用

现今城市泊车位市场的构造甚至还不及路面市场，城市泊车位市场同样可以从动态的电子定价管理体系中获益。目前，在大多数城市，泊车位的价格既不能通过供求关系的变化来调整，也不能仅仅通过简单的固定策略来做出相应的调整。而且，关于泊车位供应价格的信息，驾驶者获取得很少。通常，他们不得不漫无目的地驱车寻找泊车位，而这又严重地受到能见度的制约。在一个拥挤的城市，驱车找泊车位会造成交通堵塞，延长到达目的地的时间，这样既浪费能源又污染空气。

请设想一下，有这样一个智能的管理系统：车辆占用的泊车位通过电子系统来监控，然后再把这些信息无线传送到汽车的 GPS 导航系统。这样，所有的泊车位的价格都是动态的，并由类似于亿贝拍卖的电子系统来管理。例如，当您急需一个泊车位时，您可以将汽车上的出价调高点，也许刚好就会找到一个。相反，如果您想找个价格便宜的泊车位，可以将出价调低点，这样就可以找到一个虽不方便但便宜的泊车位了。

这个系统，结合了电子识别驾驶者的功能，实施了大众化、理想化且经济实惠的泊车策略。例如，可以在居民区对低收入者提供电子“停车芯片”，按月缴费。商家还可以将芯片提供给顾客。

道路距离的电子管理，为驾驶者提供了一个实时的循环反馈系统（见图 7—2）。泊车价格可以通过个人停车需求做出相应的调整，同时，个人也可以根据价格调整停车需求。

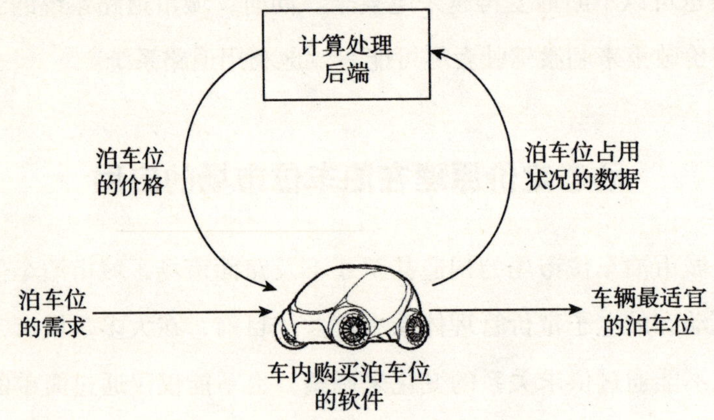

图 7—2　动态泊车位价格逻辑图：价格信息随泊车需求而调整，从而缓解过度拥挤的状况

实现按需交通服务系统

然而，除了电能、道路使用费、停车费，旅程费用的另一个组成便是汽车本身的花费。汽车是属于个人所有，那么其费用也自然是由所有者自己出了。再者，即使一公里都不走，购买汽车的费用和保险费也早就交了。对于那些想驱车又买不起或者是不想支付全部费用的人，租车则是个不错的选择。

理论上来讲，租用的汽车是可以满足这种需求的。对于许多城市居民来说，买车太贵了，而不买车又不能满足他们出行的需要。而且，即使他们有了自己的车，也不一定每次都能用，例如，当他们在离家很远的城市时。传统类型的租车满足了这些需求，比如ZipCar服务提供的短距离且地点分散的出租车。而通常情况下，它们还是没有私家车方便。但是，智能汽车可以改变这一局面。智能汽车通过复杂的管理汽车需求的电子系统，不仅能降低租车的价格，很好地满足人们对汽车的需求，还能提供很好的取车服务。有了这样的系统，车流分散在全市的便利区域，大部分驾驶者都能受益。

租车对城市出行的便利、高效和花费都有很大的影响。城市所能容纳的车辆和泊车位往往是很有限的（人口高度密集的城市更是如此，如新加坡）。与单独拥有一辆车相比，多人共用一辆车能更好地利用有限的车辆和泊车位。由于车的主人大部分时间在做其他的事情，一天中一辆车大部分时间都（往往是80%~90%的时间）放在停车场。但是，多数人一起共用一辆车的话，车的使用率就高多了，也就是说，车辆大部分时间在使用中，只有少量时间被停放着。一个人完完全全拥有一辆车，但实际上只有20%的时间在使用，而五个人共用一辆车，合理分配时间的话，每个人都可利用20%。

当汽车在路上行驶，就不占用泊车位了。所以使用率变高也就意味着对泊车位的需求降低。换言之，数量有限的泊车位可以容纳更多的车辆，也就意味着车辆都是短时间停在所有的停车场。使用率变高会导致停车场车流量变大，也就意味着您随时随地都可以找到空的泊车位。而且，当您想驱车时，自己的车可能在较远的地方，需要自己步行去取或者请服务人员去取，而有了租车服务，您就不用自己去取车了。租车服务公司将提供最近的车给您。这样就会减少旅程时间，尤其是在天气不好的情况下，既方便又节能。

理论上，管理得好的租车服务可以提供一个可行的方案，用以解决目前人口密集城市的车辆数量超过了可管理范围这一问题。仅仅让车辆进入城市会引发交通系统的崩溃，即导致自我破坏。商家和那些想方便出入的人都很不赞成限制停车。通过禁止条例或高税收来限制购买私家车造成了一部分人有车，一部分人没有车。正如伦敦所采用的“拥挤环线”措施很不受欢迎，在理论上也行不通。但是，多数人共用一辆车使城市可容纳私家车的有限容量得到高效平均的配置。

按需交通服务系统没必要也不应该为了达到高效而导致管理过于僵化和不公平，而是应该满足那些需要将车辆作为临时存储间的人——例如，在去多个商店购物的行程中，还有那些真正想拥有一辆车且准备自己掏腰包来买车的人。

大体上，平衡汽车供求关系需要一些技术和管理上的策略。正如下面所讲到的，这些策略的结合可以创造出一个满足个人城市移动交通需求的高效按需交通服务系统。

取车和还车交易的自动化

在传统的租车系统中，取车和还车交易既不方便，效率又低，这就给汽车的使用带来了障碍。所以，**建立按需交通服务系统的第一步就是结合注册会员制以及电子 ID、电子跟踪和电子付费系统来减少交易时间并降低交易成本。**

实现这一步骤可采用网上一键点击购买模式，通过事先储存的信用卡号、地址和其他相关数据来完成购买。在按需交通服务系统中，顾客只需走到一个取车方便的地方，刷一下信用卡或者通过电子系统来验证身份，然后就可以将车开走了。换车时，系统会自动识别顾客已经还车了，并重新锁上车。

这个系统需要复杂的后端信息处理，而许多必备且先进的科学技术已经应用到顾客身份的确认核实和信用卡的交易上了，这些技术也可以应用于此系统。

建立并管理单向分布式出租系统

使用传统双向汽车出租系统的最大障碍就是汽车归还原处的问题。因为这种双向系统虽然简化了系统操作者的任务，但却给租车人带来不便。最理想的交通需求系统应该提供这样一种单向出租方式：顾客选好一辆车，开到目的地，把车留在当地，离开。之后顾客若想租车，只需在附近重新选一辆车即可。

自行车共享系统，如巴黎的 Vélib 自行车自主出租服务和蒙特利尔的 Bixi 公用自行车服务，已经在城市地区成功开创了单向个人交通工具出租模式。这种单向出租服务也已经尝试与传统的汽油动力汽车结合起来了。举例来说，"car2go"自主租车项目已经结合戴姆勒智能汽车在德国乌尔姆和美国得克萨斯州的奥斯汀提供这种单向汽车出租服务。另外，极其经济节约又可在泊车位充电的超小型电力车（USV）也可能非常适合单向出租。

使用**单向出租系统**，您就不必担心租不到车或不方便归还车。因为当您把汽车停放在停车点时，立刻就可供另一个人租用。这种方法通过减少汽车闲置时间来提高汽车使用率。

此外，按需交通服务系统必须在其服务区内拥有分布广泛且便捷的汽车出租网点。而现今大多数汽车出租系统为降低经济成本，只设少数大型集中的汽车出租点。通过广泛分布出租点，可以大量节省中间路程时间，也就是走到汽车出租点，选好车，到达目的地旁的停车点，停好车，再走到目的地这整个过程中花费在路程上的总时间。并且，如果汽车能在我们需要时自行从停放处行驶过来，使用完后又自行返回停放处，将更能有效缩短出租点之间所花的中间路程时间。

零售网点布局理论指出，汽车出租入口点和停放点的分布必须与当地的客流量相对应。这就是说，应该在人口密集地区多设点，在人口稀疏地区少设点。或者，平均分布入口点和停放点，根据人口密度来决定点与点之间的可接受步行间隔、汽车数量和点面积大小。

这也可看做是根据步行时间花费（一小时多少美元）和租车总花费（时间花费 + 租车花费）来分布汽车出租点。整个行程的总花费包括步行至汽车出租入口点，开车至目的地旁的汽车出租停放点，再从停放点步行至目的地的花费。合理分布出入点就可为顾客减少旅程花费。

通常，既定的城市结构特点可为汽车出租入口点和停放点提供便捷的布局。例如，在台北，共享电动车辆（如电动自行车、小型电动摩托车、电动汽车）的出租点大致分布在便利店和汽车站。汽车出租点选址于便利店可达到商业利益的双赢。因为便利店在台北十分普遍，所处位置便捷，并有泊车位可用于改建为汽车出租点。而当汽车出租点建成后，就会为便利店带来更多顾客。汽车出租点建在公共汽车站，顾客就能够租车直接开至公共汽车站，下了公共汽车后又可租车去其他地方。

如果汽车出租点足够多且分布合理，按需交通服务系统就可以提供比私家车更好的点对点服务，因为可租到汽车的地点往往比私家车停靠点距离您更近，尤其是当泊车位不够用时，私家车就不得不停放得更远。

如果租到的汽车是脏的、损坏的或是需要修理的，怎么办呢？会不会就不想使用这种按需交通服务系统了呢？这就要采取一些有效的措施。**首先**，必须确保汽车出租点随时都有一辆以上的汽车供出租，这样，当我租到不想用的汽车时就可以通知系统操作员换车。**其次**，可利用汽车电子追踪装置帮助系统操作员随时了解谁在租用汽车，这样不但可以知道汽车损坏的责任由谁承担，还可以防盗。**最后**，社区内的社会网络和同业竞争压力也能确保汽车保持良好状态。

按需交通服务系统的最佳效果

合理的汽车出租入口点和停放点分布密度同样还受城市地理和物理结构影响。例如，在人口密度大，交通方式多样化的城区，我们出行的出发点和目的地相当随机，没有固定的时间和地点，因此要求汽车出租入口点和停放点接近平均分布。这种模式经常被用于城市中心地区的自行车共享系统方案中。

在火车和公共汽车可提供便捷交通的地区，按需交通服务系统可提供有效的“第一英里”和“最后一英里”服务。因为设在道路车站附近的汽车出租点可以填补出行路程起点和终点之间车站的空缺。在道路站点密度小的交通网外围，这种系统能发挥更好的作用（见图 7—3）。

在乘车上班族多的郊区，按需交通服务系统为上班族们把车站点和家连接起来。下班后，他们到车站点租车开回家，晚上在家里给车充足电，早晨再开车去站点搭车。如果把超小型电力车用于这种短途旅程，就会有更多的上班族使用这种交通系统，因为超小型电力车体积小，可在车站点停放数量多。

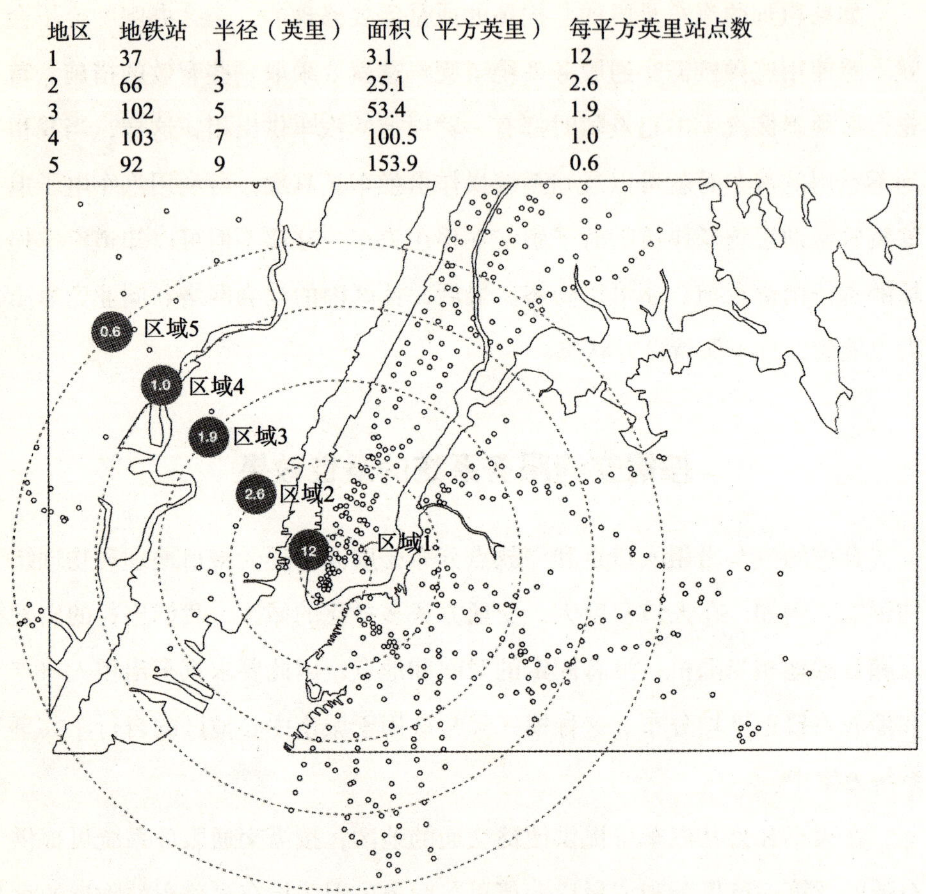

地区	地铁站	半径（英里）	面积（平方英里）	每平方英里站点数
1	37	1	3.1	12
2	66	3	25.1	2.6
3	102	5	53.4	1.9
4	103	7	100.5	1.0
5	92	9	153.9	0.6

图 7—3　纽约大城市地区交通站点密度：交通系统给出行者带来“第一英里”和“最后一英里”的麻烦——尤其是在环形交通线的外圈

从更大方面上看，在高速列车为城际旅行提供便捷交通的地区，按需交通服务系统可为列车乘客解决“第一英里”和“最后一英里”的麻烦。图 7—4 所示的中国台湾地区高速铁路系统表明了此观点。

此外，还有一个十分简单的按需交通服务系统的补充方案，就是把汽车出租点设在人口密集的住宅区，如校园宿舍和公寓大楼。居民可租车去办事或开会，回来的时候顺便还车。这种系统以住宅区为基地为附近居民提供服务，居民可享受到比在道路站点租车者更多、更大程度的便利，因为他们可以租车载货。因此，这种方案非常受房地产开发商欢迎。例如，2009年，奥迪日本公司和住友房地产开发公司在东京六本木首创了这样一个居民区和办公楼系统。各种条件似乎都有利于这种按需交通服务系统：六本木的停车费极其昂贵，当地有很多在附近上班又无车的短期房客。

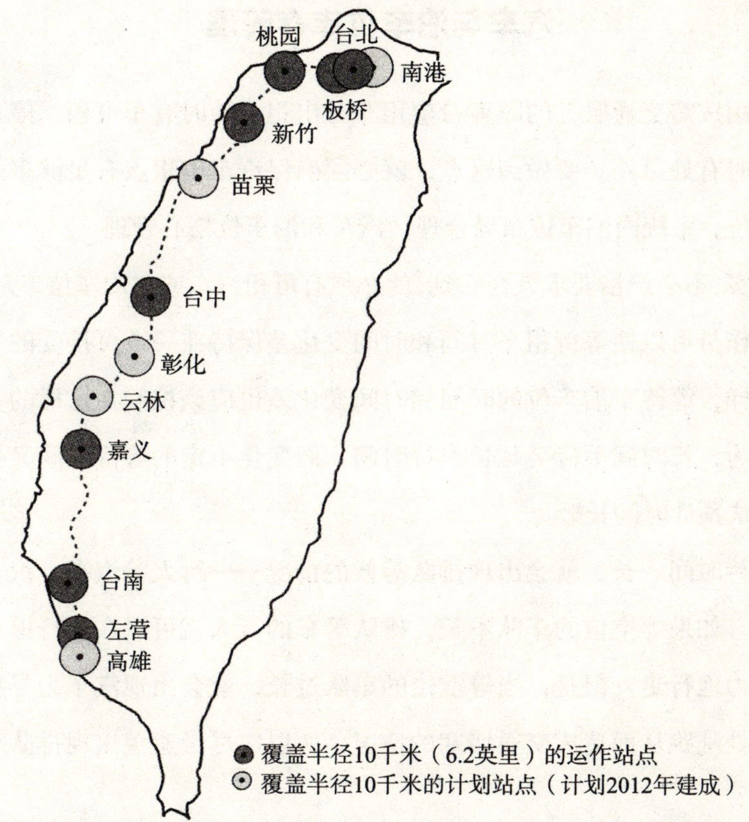

图 7—4 按需交通服务系统和中国台湾地区高速铁路交通线互补研究，圆圈表示铁路站的按需交通服务汽车出租点覆盖区

汽车租用费可根据系统范围内汽车租用总需求量的变化而改变。可降低租费以鼓励短期租用，比如说，前半小时租费较低，随后逐渐增加。为缓和汽车租用需求量，租费可在租用高峰期升高，在非高峰期降低。为鼓励郊区上班族使用租车系统，深夜与凌晨的租车费用非常低——因为在那个时候很少有人租车出行。

汽车与泊车位库存管理

使用按需交通服务的顾客希望租车时出租点随时有车可租，停车时停车点随时有处可停。要做到这点，就必须确保汽车出租点有足够多的汽车和泊车位，系统内泊车位布局合理，汽车和泊车位精心管理。

其实,不必严格要求顾客一到,就必须有可租汽车或空泊车位。大体上，系统操作员可以使等待租车时间和时间变化差保持在一个可接受的平均值内，同样，等待空泊车位的时间和时间变化差也应该控制在这样的平均值内。因为，长时间等待会延长出行时间，而变化不定的等待时间又会让人因为无法预计时间长短。

等待时间一长，就会出现排队等候的情况——行人等汽车，汽车等空泊车位。如果等空位的车队不长，排队等车的行人就可以在人行道和车队中不费力地行走。但是，当等空位的车队过长，就会出现汽车为寻找空泊车位四处乱跑从而造成交通堵塞的情况，所以应尽量避免出现排队等候的情况。

平衡租车需求

由于汽车和泊车位的需求量变化不定，经常会出现汽车剩余而空泊车位不足，或空位剩余而汽车不足的不平衡趋势。因此，必须采取一些系统平衡措施以控制等车队伍和等空位的车队。

图 7—5 表明了这种供求关系的空间不平衡。即任何时候，同一城市内总会有一些地区的汽车供过于求，一些地区的汽车供不应求，其他地区汽车供求恰好平衡。因此，系统操作员就必须设法最小化需求不足（闲置不用的汽车可用于其他地区）和需求过剩（长时间等车会使顾客失去耐心），最大化供求平衡。

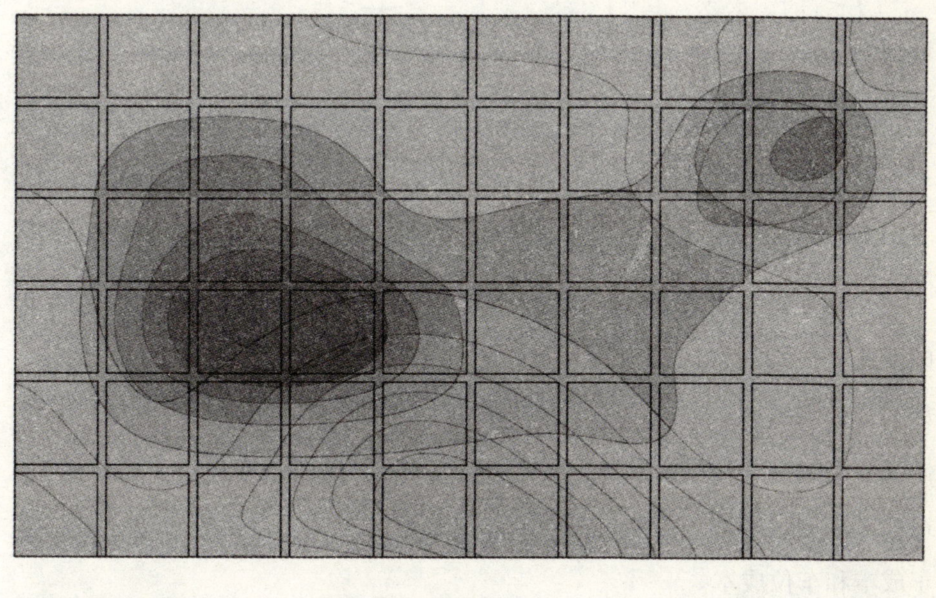

图 7—5 按需交通服务范围内汽车供求的空间不平衡

图 7—6 表明了这种供求关系的时间不平衡。即在任何一个汽车出租点，汽车需求量和供应量会随着时间变化而变化，供求关系会随着汽车需求量和供应量的变化而变化。理想状态下这种供求曲线会达到平衡，但实际上，供求曲线会在某些时刻失去平衡，又在某些时刻回归平衡。因此，系统操作员就必须设法最小化不平衡时间，最大化平衡时间。

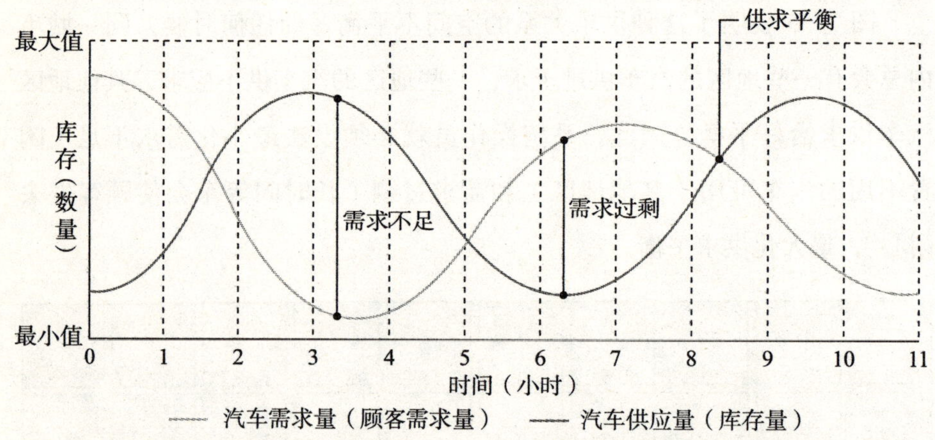

图 7—6　按需交通服务系统汽车出租点的汽车供求时间不平衡

有一个系统平衡方法，就是通过确保一个大的富余安全值以适应需求的变化——即提供比正常需求更多的汽车和泊车位。若此安全值足够大，那么任何地区的车和车位需求量就不会少到难以接受的程度。但是，这样做又会增加汽车和车位成本，尤其是当车和车位的需求变化很大的情况下。这就必须通过管理来控制等车队伍和等车位的车队，以避免增加过多的汽车成本和车位成本。

还有一个方法，就是把某个出租点暂时闲置不用的汽车转移到有需求的地方。这种方法在城区自行车共享系统中十分受欢迎，如巴黎的 Vélib

服务就用客车来转移自行车。同样，此方法也适用于超市购物车系统和机场行李车系统，分散的手推车以收集成列的方式返还到配送架，这样做有利于提高效率。偶尔也可用货车和运输飞机把汽车转移至急需的地方。

虽然此方法也可用于转移超小型汽车，但是整个过程花费太大。按需交通服务系统的成本效益关键在于把汽车的活动量最小化。与其请司机逐一转移汽车，还不如虚拟火车托运来的经济方便（虚拟托运是通过调节汽车电子控制系统而不是真的用火车拖车辆的方法完成的，因此一名司机可以转移多辆车）。如果实现了自动化，汽车就可以在凌晨一两点时自己开往目的地，并且可以把类似于货车和飞机运输管理的数字最优技巧运用于系统平衡中以达到最小化汽车移动量的目的。

然而，利用路程起点和终点的灵活性和价格刺激可以更简单地平衡汽车需求。虽然并非所有起点终点都是灵活的，例如早晨从家去班车的火车站，就不能选择起点和终点，但是，当家附近没有汽车可租时，通常可以选择去一两个街区之外的租车点。同理，也可以去离目的地稍远的停车点停车。并且，如果这种灵活性造成的不便可以换来较便宜的租费的话，即使附近有空车和泊车位时，顾客也可能愿意去较远的租车点。

因此，正如价格刺激法可以缓和用电高峰、路面拥挤（按拥挤程度计价）和泊车位紧张，此方法也可用于调节汽车需求和泊车位需求以使供需关系接近平衡，同时最小化汽车剩余和转移过程中的汽车数量。换句话说，动态计价法能在时间和空间上分配租车需求，有效地使共享汽车和车位的供求关系达到平衡。

在汽车供求制度完美平衡的状态下，每个租车点和停车点都只能有一个空泊车位。无论何时有人租走一辆车，马上就会有另一辆车来填补空位，这样才能确保始终只有一个空位。并且，无论何时有人过来停车时，马上就会有另一个人来租车，这样才能确保这个空位一直保留。很显然，这种完美平衡状态在实际中是不存在的，所以租车点和停车点就会有大量闲置汽车和空泊车位。所以，从系统操作员的角度看，他们既要最小化这些闲置资源（汽车和车位给系统带来花费），又要确保有充足的汽车和车位供顾客使用。

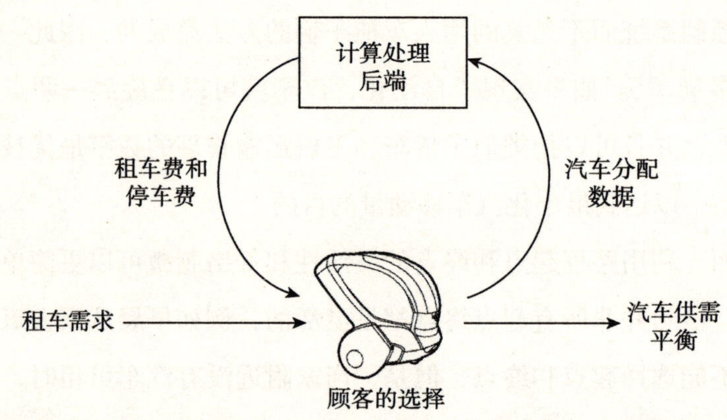

图 7—7　按需交通服务需求动态计价法的逻辑图：通过价位以调节汽车和车位需求——由此平衡同一区域内汽车需求的空间分配，以及同一租车点需求的时间分配

从顾客的角度看，他们希望将出行费用减至最低（见图 7—8）。整个过程是这样的：起点选在附近一个相对便宜的租车点——也许是通过一部智能电话或其他移动装置打电话租车，顾客走到租车点，选好车，在终点附近选好相对便宜的停车点，开车到停车点，最后停好车走回家。

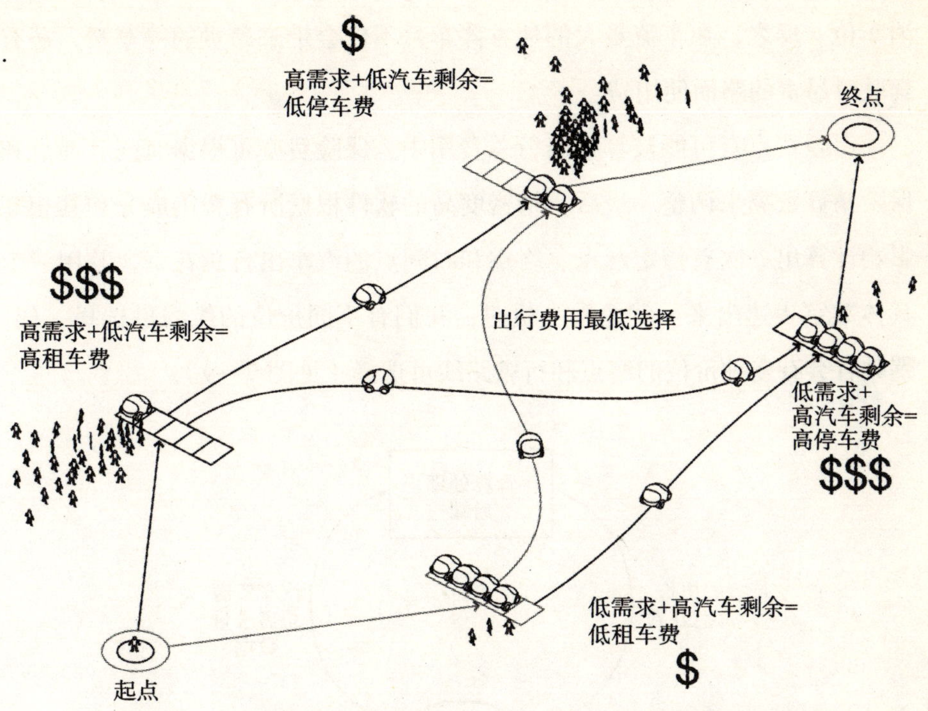

图 7—8　使用按需交通服务系统的顾客试图使出行费用减至最低

综合计价法

受各方面需求影响，租车出行总费用包括电费、道路使用费、租车费、停车费和保险费。但是这些费用之间并不是相互独立的，因为它们有其重要的相互影响作用，所以值得考量。例如，电费很低时停车充电就比较划算，而电费低时用汽车电池，电费高时被迫去充电则不划算。路面拥挤时驶离公路去停车就显得划算，因为当公路上汽车多时泊车位需求就会变小。假如愿意把车停在较偏远的地方，就有可能在系统内找到最便宜的泊车位。反之，在车流量大的地方停车，不仅会带来昂贵的停车费，还有驾驶时昂贵的路面使用费。

保险费也有可能被算入出行总费用中。保险费率可根据时间、地点和保险精算数据来调整。最后，精密度高的软件根据所有费用成分和其相互影响计算出一次有指定起点、终点和时间点的汽车出行总花费，并用一个具体数字表达出来。就像乘飞机时，我们有不同价位的航线供选择一样，驾驶者会有多种价位的终点和行驶路线可选择（见图7—9）。

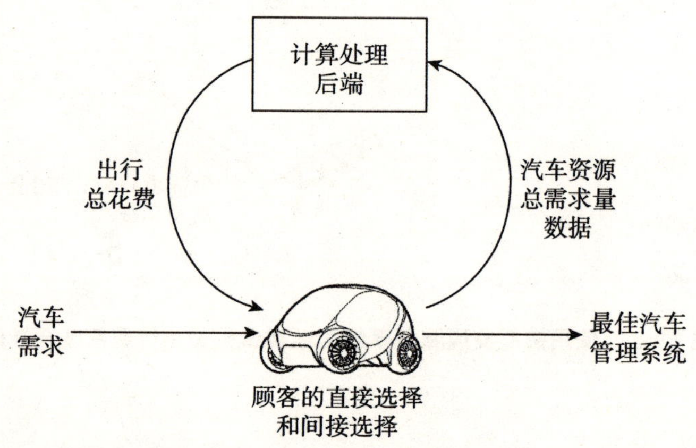

图7—9　出行总费用

对比现在，机动车驾驶者们选择出行时间和路线前，只是了解了最基本的相关费用信息。他们没有明确的价格信号，因此就无法针对价格刺激做出相应的节约行为并采取有效措施。我们可以建立一个动态的电子化市场管理系统，使用无线通信和公路信息系统，为驾驶者提供用电量、路面、泊车位和出租点方面的信息，使其能够根据价格信号做出回应。

价格因素会根据不同情况而改变。在能源价格高的地区，电费就会在出行总费用占主要部分；在路面极其拥挤的城区，路面费和停车费就会占主要部分。有时候汽车租费也很重要——虽然低价的共享电动汽车租费比现今主流用车方式产生的费用低很多。一般，人们很重视时间和出行行程的可控性——即准时到达目的地和按时间计划安排行程的能力，由此做出合理推断，许多人愿意为这种省时又可控的出行行程支付额外费用，同样也有许多人要求为费时又不可控的出行行程得到折扣补偿。但是，对额外费用或者折扣补偿的敏感程度随着个人收入的多少而改变，费用的折扣对富人来说微不足道，对不太富裕的人来说就很重要。并且，其他交通方式的竞争，如步行、出租车、公共交通工具等也会影响定价策略。

这种自动运作的系统改变了游戏规则，它使出行者能够更有效地消费其在途时间（即每消费多一分钟的出行时间，就会得到相应的经济补偿），更愿意接受费时但省钱的行驶路线。并且，出行者可以不用因需要随时了解外部信息而分心，消除了安全隐患。

集信息搜集和广告宣传于一体

正如我们已经了解的，驾驶者对价格信号的反应是随出行目的而改变的。有时候出行目的地很明确，如去母亲家拜访；有时候出行时间有限制，如去电影院看电影；有时候出行时间有限制同时目的地也很明确。而在城区，选择性会更多。例如您想去超市，在合理的出行时间内可能有好几家超市可以到达，如果您愿意加快行程速度或者花更多时间，则可能还有更多超市可以选择。您不仅可以根据购物需求选择超市，还可以根据出行时间和成本选择。

通过定价策略，可以在出行时间和目的地之间权衡，灵活选择行车方案，以合理匹配汽车供求关系。但是，会出现一个问题：我们如何寻找各种可行方案并且权衡选择其中一种呢？

传统的方法就是根据经验获得城市的各种信息资源，偶尔会用地图和目录指南如黄页号码簿来了解详细信息。此外，还有一种方法，即利用现在的 GPS 全球定位导航系统综合城市搜索引擎的搜索结果。

就像搜索引擎使人们得以搜索到万维网里的资源信息，这些搜索功能已经在 GPS 导航系统中基本成型了，并且还有进一步增强功能的巨大潜力。比如说如果您要去超市，汽车导航系统就会告诉您花费特定的时间和费用范围以内的所有超市，并确保您到达时超市还在营业。此外，如果可以提前知道营业时间、商品供应情况、最优惠价格等，有时候可以避免白跑一趟。

这也为地区广告提供了机会，就像谷歌搜索一样，符合搜索关键字的广告会随着搜索结果一起显示，广告商就可能会愿意花钱购买搜索中的曝光率，甚至会愿意支付广告受众的出行费用。

复杂的道路、泊车位行情和城市搜索、地区广告的结合，为个人城市交通方式建立了新的商业模式。虽然现在由驾驶者负责路线规划和支付出行费用，但以后广告商可能会分担这些责任。

人与城市的交互界面

在城区的电子管理动态计价个人城市交通系统里，自动定位联网的智能汽车充当着连接人与城市交互界面的作用，就像浏览器和搜索引擎是连接万维网的工具。这种汽车帮助驾驶者在城区服务范围内搜索定位他们想去的地点，提供最便捷的路径——综合出行时间、能源费用、路面费、停车费和租车费，并一直引导他们从起点到达终点。

整个过程就是把外界城区信息逐渐传输到汽车仪表盘里。在汽车仪表盘和智能手机屏上做广告比在广告牌上做广告要好得多——因为它不受城市杂乱建筑物的干扰，可以随时间和地点变换，并可结合搜索功能和导航系统个性化设计。限速信息在汽车速度表上显示比在静止的路牌上显示要好很多，因为它可以根据驾驶者的视力和喜好设计，并且可以和驾驶速度同步对比显示。最后，就连停车标志牌和交通指示灯也会变得更动态（这样，汽车在没有车辆的十字路口就可以不用停车），甚至可以安装显示在仪表器上。如果汽车实现自动化，那么信息就可以以一种全新的方式显示在仪表器上供驾驶者娱乐和获取咨询。

这样一来，仪表器的功能就会改变，驾驶者的驾驶方式也会从根本上发生变化——不管是人工驾驶还是自动驾驶。早期的汽车设计精巧，但是操作困难且可信赖度不高，所以就利用旋转的仪表器来作为人和汽车引擎的交互界面。这些仪表器告诉驾驶者汽油、机油、水、用电量、速度、发动机转速等信息。简单来讲，大部分此类信息对于可信赖度高的电动汽车来说已经不需要了。显示图片的交互界面将取代以指针或刻度为主的仪表器，成为驾驶者真正需要的装置：这样驾驶者就可以安全、高效、便捷地利用系统提供的各种城市信息了。

Reinventing
the
Automobile

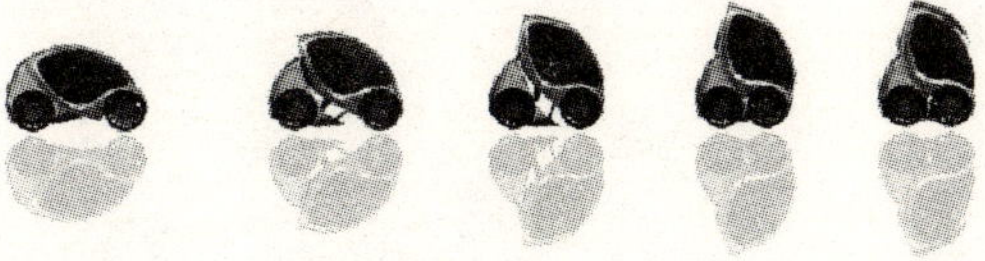

第8章

汽车改变了我们的城市

在 20 世纪初期，当无马运输设备替代了马的时候，流行使用亨利·福特的 T 型车的美国还是一个农业国，而且国内还有大量油储备以供使用。设计适合用于这些条件下的车型是具有重要意义的。

尽管现在农村和城市的数量比已经有所转变（图 8—1），汽车和移动系统设计的要求也需随之而改变。2007 年历史上世界居住在城市的人口首次超过农村人口。今天，占据世界 2% 的人口消耗着全世界 75% 的能源。预计到 2030 年为止，美国会有 60% 的人口居住在城市，到那时为止将会有 80% 财富集中在城市区域。城市人口和财富的不断增加可能会持续——特别是在世界发展中国家。

未来能源需求量预测受到汽车销售增长的推动，这将主要发生在发展中国家的城市地区。考虑到人口和财富日益集中于城市区域，很明显汽车在城市区域行驶的里程数将会日益增加，在美国近半个世纪的经历已经证明了这点（图 8—2）。

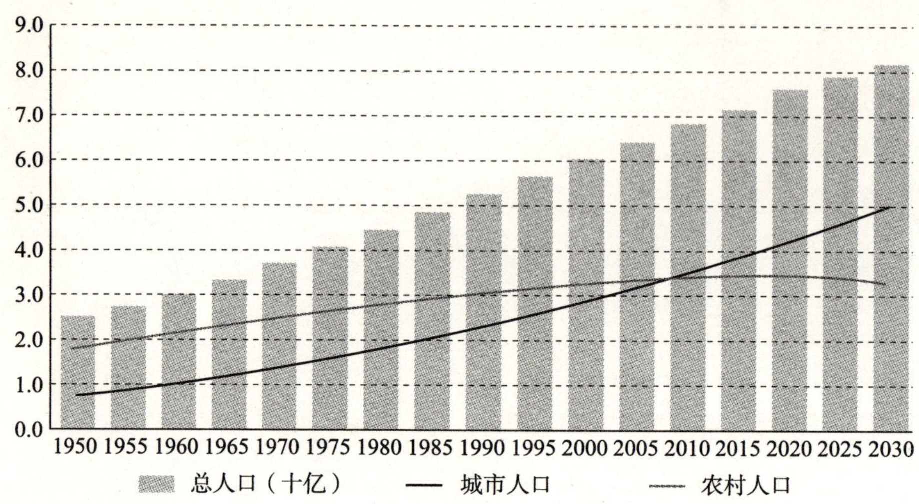

图 8—1　城市、农村和世界人口，1950—2030

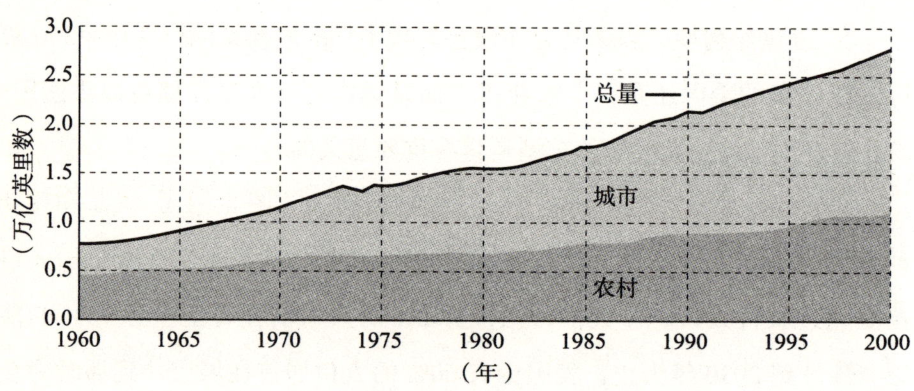

图 8—2　城市行驶车辆在增加：行驶的里程数

交通拥堵将恶化城市汽车的行驶里程数对整体能耗的效应。如果不再次考虑对城市汽车重新进行设计，就不太可能有效解决全球汽车能耗和温室气体排放效应。

在本章中，我们看到电动 USV 小型车所提供的城市范围内的个人出行比今天的汽油燃料车更好、更洁净以及更有效率。向这些车型方向的转换将会给城市的持续性和能源安全带来长足进步。这样做将会为汽车行业产生带来一个以绿色技术为基础的具有发展前景的新市场。按照前面章节所论述的，能效的改善和机会的增多将会使这些汽车应用电网、道路空间、停车场和汽车队列的动态定价和电子化管理。

在发展中国家的城市里，当汽车的集中程度较高时，可以逐步用电动车取代汽油燃料汽车。在发展中国家快速发展的城市里，情形是不同的。这里于是，创造新的方式以满足快速发展的个人交通和支付能力的需要是非常重要的。例如，在中国，在电动车和电动摩托车已经居于领先地位，并且电动车也显示出相同的迹象。

汽车拥有人数、个人财富和人口密度

观测数据表明，拥有汽车的人数随着人口收入和人均 GDP 的增加而在增加，又通常随着城市人口密度降低而下降。然而，在人口特别稠密的地区，例如纽约和新加坡，汽车拥有人数有时会因为交通拥堵、停车场停车位少、高税收以及行驶时间无法预计等原因而很低。

而且，随着人口密度的增加，证明公共交通系统投资的合理性变得更加容易。反过来这会减少汽车使用率，如巴黎的例子所示（图 8—3），在中心地区人口密度较高，而汽车使用率较低，但是周边地区相反。新加坡，一座人口密度非常大的城市，明确规定公共交通作为出行的首选。通过使用各项政治措施（安全、舒适、负担能力、公共交通的便利性）和强制规定（汽车购买的登记税、交通拥堵费），使得拥有汽车的人数远远低于根据人均财富所预测的汽车拥有数量。

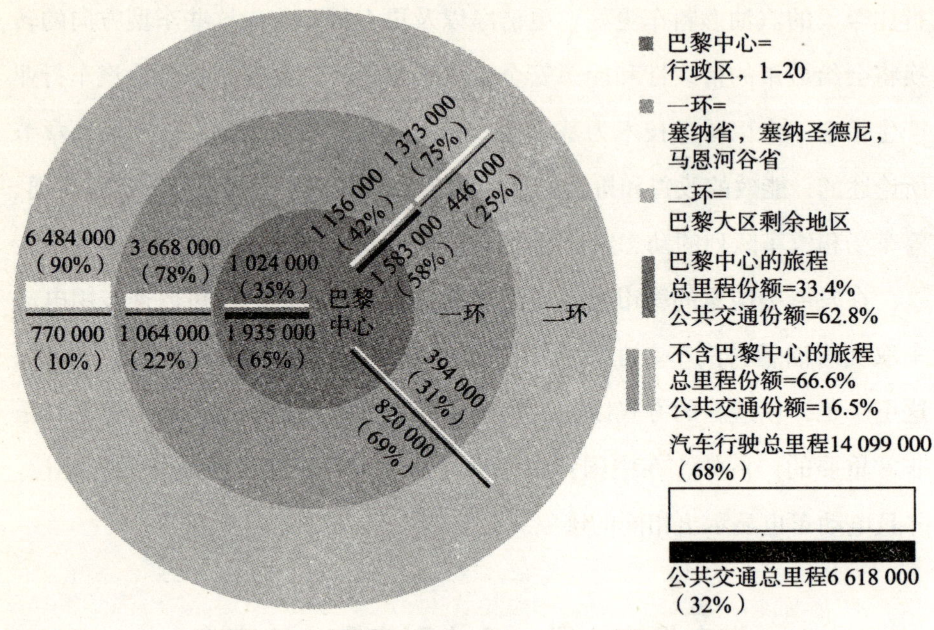

图8—3 巴黎市区和周边区域小汽车和公共交通工具日常行程。中心地区人口密集，汽车使用率低，而在周边地区则相反

在发展中国家的新兴市场里，主要城市的人口密度比欧洲的人口密度要高得多，更远远高于北美城市（图 8—4）。如果根据以往趋势，主要增长市场中（财富主要集中在主要城市中）的传统汽车的销售额会不高。不论如何，在这些城市里较高的传统汽车销售率会产生大量的能源和环境问题。

那么，关键问题是，在未来怎样为未来城市居住者提供最适合的个人交通工具。构思必须将应付城市限制因素（能源、环境、安全、交通拥堵、停车）的有效措施与吸引消费者购买或使用汽车（负担能力、驾驶体验乐趣、风格、个性化、舒适性、保密性、公用设施等）的热望结合起来。

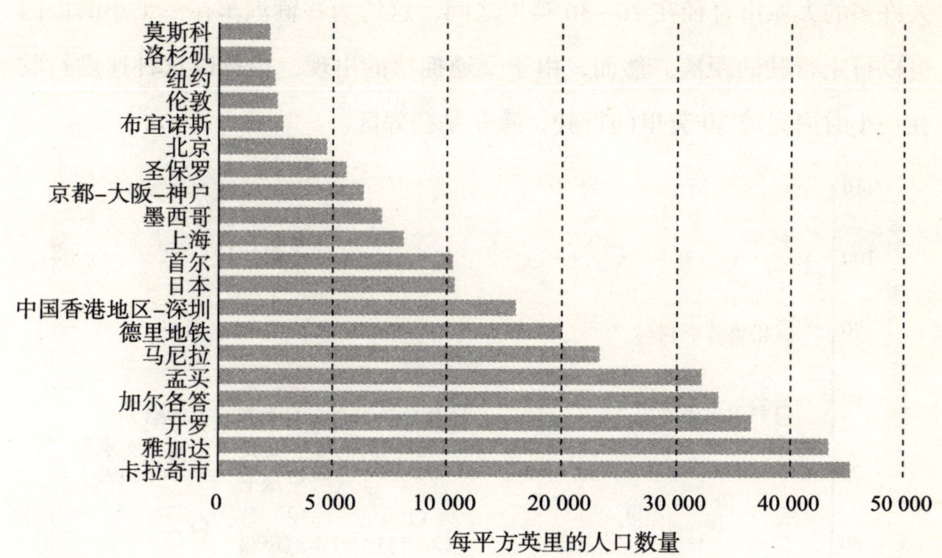

图 8—4 世界上 20 个最大城市的人口密度

为了有效回答这个问题，识别城市交通工具的几种驾驶条件是很重要的：城市路程较短；驾驶速度较低，城市交通拥堵降低了交通吞吐量和能效；停车场与其他其他城市空间的竞争；在城市使用的汽车有种种不利的外部效应；将汽车限制在城市范围以内或消除汽车的使用压力在增加。在以下章节里，我们将讨论并量化这些问题。

城市路程较短

从整个历史来看，人们习惯于每天安排出 60~90 分钟的时间用于交通（图 8—5）。几个世纪以前，这使得一个城市的地理方位间距地域范围约在 3~4 英里以内（或正常情况下一个小时内行走可以达到的距离）。随着更快的交通工具的出现，城市的发展保持了这个非正式的“基本法则”。今天许多的大城市直径在20~30英里之间，这约为一辆汽车在一个小时以内可以行走行驶的距离。然而，由于交通拥堵的出现，很难以这种速度行驶在一小时内完成30英里的行驶，除非是在郊区。

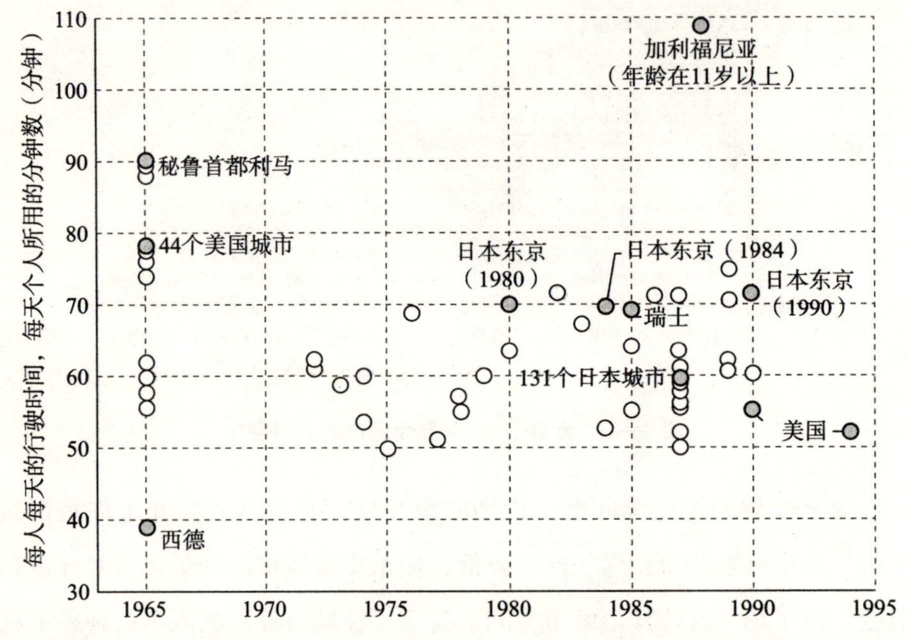

图8—5　各种环境下日行驶60~90分钟预算的数据展示

与城际间和乡村的路程相比，城市汽车一般行驶里程较短。而且，与过去更多样化的沉降模式相比，城市人口的集中化使得汽车行驶路程更短，驾驶速度更低。例如，图8—6显示了在美国汽车日行驶可达到的里程数。从中可以看出，在美国，超过一半的汽车日行驶路程不足20英里——这表明，一辆行驶里程为25英里的蓄电池电动车，通过充电日行驶里程可达到50英里，这可满足75%的美国人的需要，住在其他国家的人们日行驶里程会少得多。94%的美国人日往返路程不足110英里，因此今天的汽车所提供的300英里的行驶里程几乎就完全不必要了。

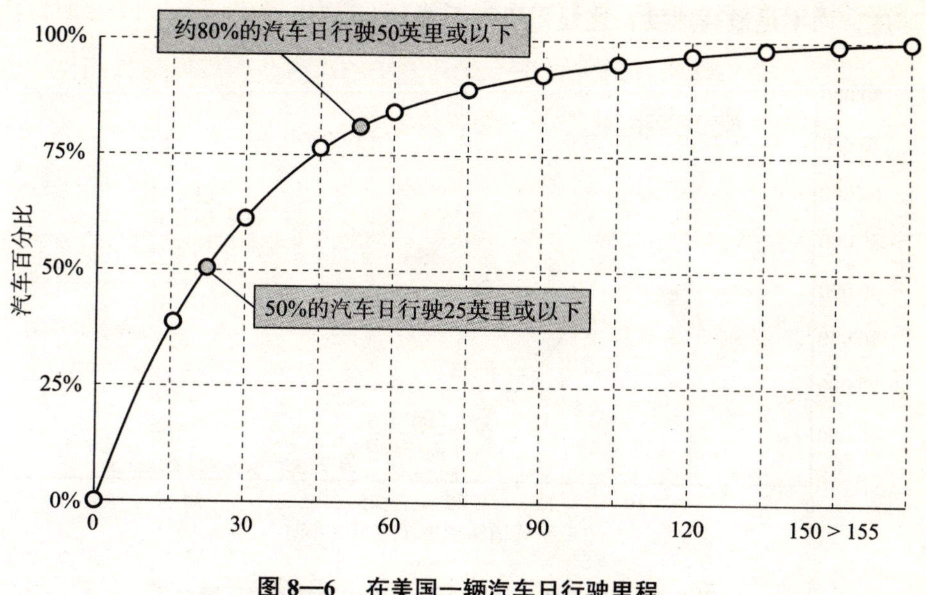

图 8—6 在美国一辆汽车日行驶里程

较低的城市驾驶速度

图 8—7 显示了人口密度和平均道路速度之间的观测关系，范围广泛。在人口密度高的城市里，行驶速度可能不到 10 英里 / 小时，在大多数城市里，每小时的行驶路程数保持在 15~25 英里以内。在这些条件下，今天目前最高速度可达 100 英里 / 小时的汽车几乎用不上。

而且，一小时以内某条道路上所运输的乘客数量———道路吞吐量取决于汽车的平均速度和间距，而不是最大速度。正如我们将在后面所看到的，即使在这样相对来说比较低的平均速度的情况下，道路所达到的吞吐量可高于今天的城市街道和道路上的吞吐量。当达到交通通行需求比较高的条件下的吞吐量时，应使所设计的汽车和基础设施具有中等但是持续的速度，而不是最高速度，这显得更加重要。

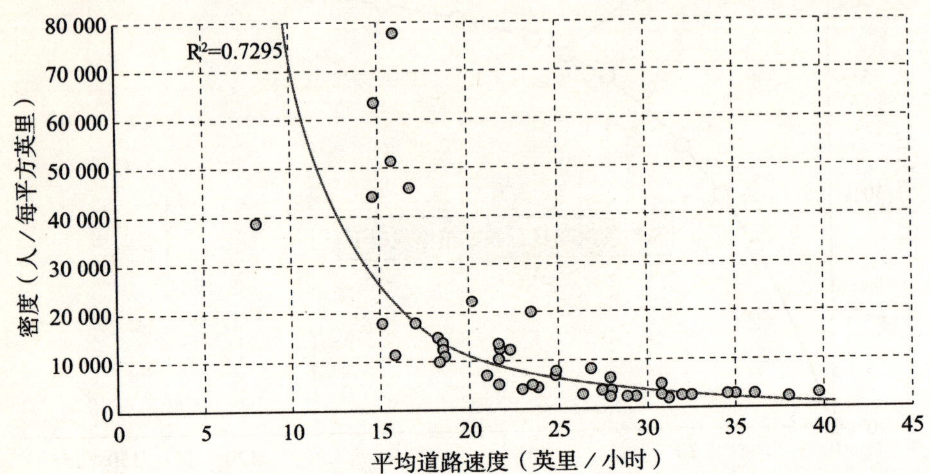

图 8—7　随着人口密度上升，平均行驶速度下降

随着城市环境而定的最高速度有限的汽车不宜行驶缓慢和不灵活。轻型的电动车电动扭矩较高，加速质量较小。对它们的设计可提供动力起动以及低位活动操纵杆以使速度适宜，而不会增加低效 250 马力的燃油引擎的成本。而且，智能车轮所带来的被看做最有价值的操纵性也会给电动 USV 带来更多的驾驶乐趣。

交通拥堵减少吞吐量和能效

在过去的几十年里，美国各城市的交通拥堵情况都日益恶化，因为汽车行驶里程的增长速度超过了新的道路修建的速度。重复性的拥堵（通常伴随着高峰时刻的交通堵塞）占据了根据美国道路所测的交通拥堵的 40%（图 8—8）。剩余的 60% 是偶发的，并通常与交通事故、道路修建和恶劣不良天气有关。图 8—9 表明近年来驾驶者花费在交通拥堵上的时间比例呈缓慢但稳定的增长趋势。

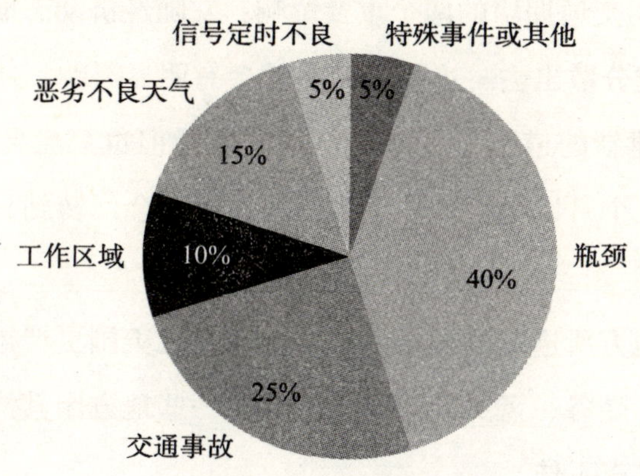

图 8—8 美国各种交通拥堵状况产生原因

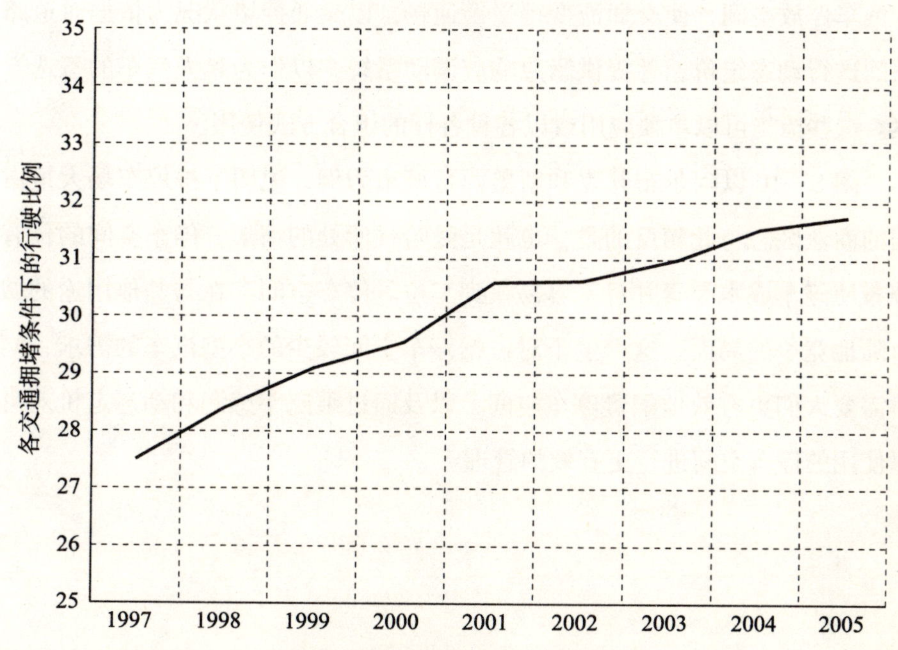

图 8—9 美国在各种交通拥堵条件下的行驶呈上升趋势

似乎只在2008—2009年经济低迷期间交通拥堵才有所降低。在美国交通拥堵降低了30%，而虚拟制造技术（VMT）与去年相比只下降了3%。这可以证明交通拥堵的两个重要影响：它随经济动态而波动，是非线性的，只加入或分散出去一小部分汽车就会有明显影响。使驾驶更容易的工作，例如修建新的道路，尽管会增加吞吐量但也只会暂时降低交通拥堵。一般，在几个月以内会产生更多需求，交通会回转到和以前相同的拥堵程度。

世界其他地方所遭受的交通拥堵状况通常比美国更严重，部分是因为陆地空间有限。曼谷、孟买甚至是曼哈顿的一些地方因其汽车行驶速度仅略高于步行而名声不佳。

这使得对我们已经引入的交通拥堵降低措施的需求变得日益迫切：减少汽车停放空间，使交通流变得平衡通畅，以交通拥堵状况为依据对道路空间进行动态定价，并提供紧急响应调动系统，以作为私人汽车的备选方案。这些措施可以单独应用或以各种各样的组合方式使用。

图8—10以阿尔布开克和新墨西哥城市为例，说明了被停车场大量占据的商业区。与此相反的是，也就是曼哈顿所处的情形，停车空间的稀有分布使停车成本昂贵并且不容易找到车位。停车空间存在与其他用途的城市陆地竞争的局面。这产生了对占据停车空间较少的小型汽车的需求，同时需要人们更有效地配置停车空间，以及通过乘座率感测和动态定价对可供使用的停车空间进行更有效的管理。

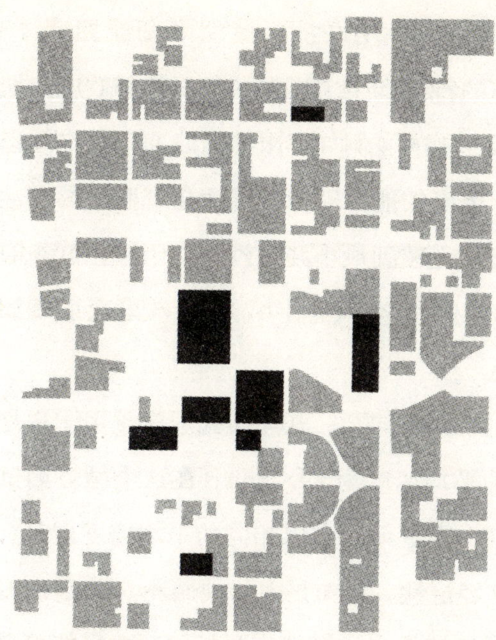

图 8—10 阿尔布开克、新墨西哥城市中心城区里停车场和建筑物占用空间和人的活动空间。白色区域表示街道和建筑物，浅色区域代表停车场，深色区域代表多层停车场的设置

汽车使用所具有的负面外部效应

汽车使用所具有的负面外部效应的成本不仅是驾驶者个人所带来的，而且是整个社会所带来的。交通事故所花费的人力和物力成本是这些外部效应最主要的一个方面。我们试图使道路安全和保护汽车内部乘客安全平衡起来，但是也极需减少更容易受到伤害的道路使用者（例如骑自行车者和行人）所产生的交通事故，因为这构成了发展中国家城市环境中道路死亡事故的大部分。更轻型、速度更低并具有复杂的冲撞避免功能的汽车是

解决这个问题的方案的一部分。

汽油燃料汽车的特征产生了更多的负面外部效应。城市里缓慢的交通速度是由众多因素产生的，例如有限的道路和停车空间以及较高的事故发生率。他们促进了更多的能源消耗，因为传统汽车的燃油经济性正在以较低的速度恶化。当速度减到最小并且汽车处于停止状态时，它不再前行但仍然在消耗能量（例如，空调的使用），这样出现了每加仑 0 英里的行驶里程的情况。

图 8—11 阐述了这个问题。联邦实验程序（用于规划美国汽车的燃油经济性）中得到的平均速度为 19.6mph。在这个循环测试中所得到的任何汽车的燃油经济性，远远低于它以相同的平均速度但是在"巡航控制"条件下所产生的燃油经济性。损失是由驾驶循环的瞬态（停止—启动—空闲）特征所产生的，其目的是为了模拟实际驾驶，这只能部分依靠燃油—电动混合电动车上的再生制动。（再生制动反转了电机的方向，以充当汽车减速时的发电机，目的是为了使当前电流回流到蓄电池中并增加充电负荷状态以增加燃油经济性。）

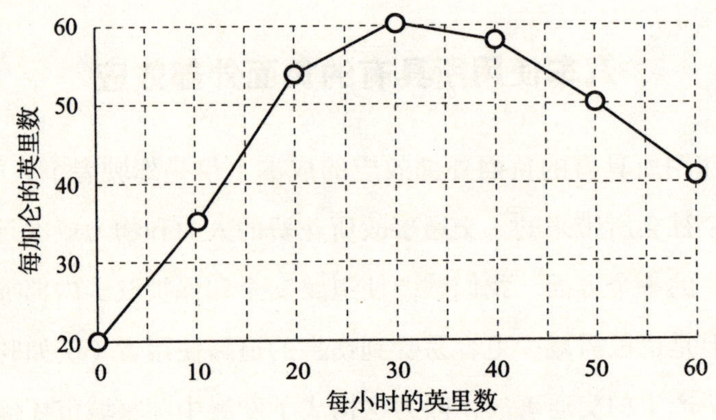

图 8—11　存在最优能效稳定速度

正如我们在第2章和第7章中所看到的，平稳畅通的交通流是移动互联网所提供的第一个性能：如果汽车互相之间可以沟通，彼此可以协调合作，那么就能自行移位以避免交通事故和交通阻塞。移动互联网具有无限巨大潜力，可提升受到环境事故影响的汽车能效（主要是与单个汽车能效提高相比所具有的成倍放大效应）。

例如，将交通的平均速度从10mph提高到15mph，可将行驶车辆的燃油经济性提高约20%。更畅通的交通流和更高的平均行驶速度会降低产生烟雾的瞬态尾管排放物。尾管排放在许多城市里是危害健康的主要因素。

当然，蓄电池电动车不会产生尾管排放。但是和传统汽车一样，当它们以最优速度通过平稳行驶交通流来保存动量时，具有更多能效。

城市交通噪音是城市里传统汽车的另一个负面外部效应。这使得人流量较大的街道产生了不舒适的感觉，并使公路和高速公路产生了破坏区并降低了地产价值。业主通常通过密封窗户来解决交通噪音问题，这使得空调即使在自然通风更舒适、能效更高的情况下也成为必需品。相反，电机几乎是没什么噪音的，因此大规模的引入电动USV将会产生改变这种趋势的机会。

汽车用途受到限制的城市

考虑到这些负面外部效应和其他因素，全世界城市的人们都在寻找更具有吸引力的汽车替代品、并减少汽车驾驶就很自然了。一个方法是对外部效应征税，并因此提高驾驶成本。另一个是加入对汽车使用以及替代品供应的直接限制的某些组合。

减少汽车用途的措施可采取安装专用自行车和公交车道的形式，使自行车行驶更安全，并使公交行驶更快。例如，巴西的库巴提亚城市率先使用了可为公交提供专用车道和根据优先权选择交通灯的快速公交系统。另外一个方法是如同巴黎所采取的推行自行车和汽车创新共享方案。或特定区域的驾驶可通过道路定价和电子收费变得更昂贵。人们一般认为如果城市要具有国际竞争力，就必须提供高质量的生活，这可以使他们在车辆管理方面比国家政府更积极。

受到日益迫切的如温室气体排放、空气污染、交通拥堵等许多热点问题的驱使，许多大型城市很快将只允许电动USV等零排放汽车通行，或甚至考虑完全禁止汽车通行。许多政府所接受的假设是，正如我们今天所看到的一样，汽车与他们的可持续性发展的期望并不一致。它们通过使道路更宽阔、洁净和安静，并通过合理的成本提供四通八达的交通，从而创造了高质量的生活。

让我们以纽约为例，拥有汽车人数在下降。与前5年相比，2006年注册的驾驶人数有200 000个，下降超过10个百分点。纽约市汽车拥有人数比例不到整个美国的一半。毫不惊讶的是，如果他们居住在人口密度大的区域，是不太可能买一辆汽车的。在曼哈顿7个居民中仅有1人拥有一辆汽车，而史坦顿岛（纽约人口最稀疏的地区）居民中拥有汽车的人数接近一半。在曼哈顿，仅有2%的家庭拥有不止一辆汽车，20%的家庭拥有一辆汽车，而剩下的78%的家庭没有汽车。

根据2001年国家家庭旅行调查显示，所有行程种类有2/3为30分钟或更少，汽车的平均乘座人数为1.81。整个曼哈顿的平均交通速度在10mph以下，但是如图8—12所示，2001年纽约市汽车的平均速度为18.8mph，比1995年下降了24.3mph。在同一时期，汽车每天行驶的平均里程数从12.2英里下降到9.9英里。然而，尽管这些数据不高，它们仍然比传输系统要快，行驶的路程更远。

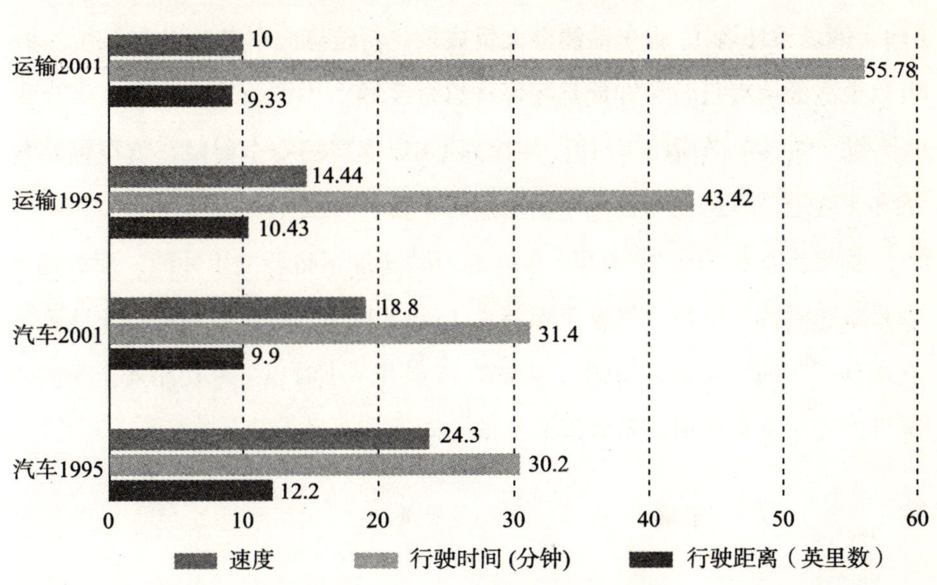

图 8—12　纽约市交通工具变化趋势

机动车辆占纽约市消耗的所有交通能源的 83%（其余的被电动火车所消耗）和 100% 的石油，在 2005 年累计为 7.41 亿加仑。

在后面的章节中，通过利用 USV 和对车辆移动实行电子控制，我们将说明并量化城市可以提供优良的个人交通工具的一些方式，同时使城市汽车用途的负面影响最小化。

USV 的安全性改善

在向城市引入新的交通系统之前，一个中心目标应该是改进城市的整体安全性。这包括成两个目的：为汽车所有者提供适当的安全等级，并改善易受影响的道路使用者的安全保障（行人、骑自行车者、乘摩托车的人等）。

对于一辆重力在 1 000 磅、一般行驶速度在 25 英里 / 小时以下的 USV（包含两名乘座者），首先动能会大量减少，而传统汽车重量约为 5 倍之多，可以更高的速度行驶，即使是在一些组合区域。

除了在专用车道上行驶，要提高 USV 乘客的安全保障，就需使用传感和无线通信以避免与其他车辆之间的冲撞。

如果汽车在约为 25 英里 / 小时的行驶速度下将要发生冲撞，那么接下来是减速时间，以使冲撞速度保持在 15mph 以下。发生在现有汽车队列的汽车到汽车的冲撞数据表明，速度在 15 英里 / 小时以下并使用安全带的情况下，几乎所有冲撞都是可以避免的（图 8—13）。

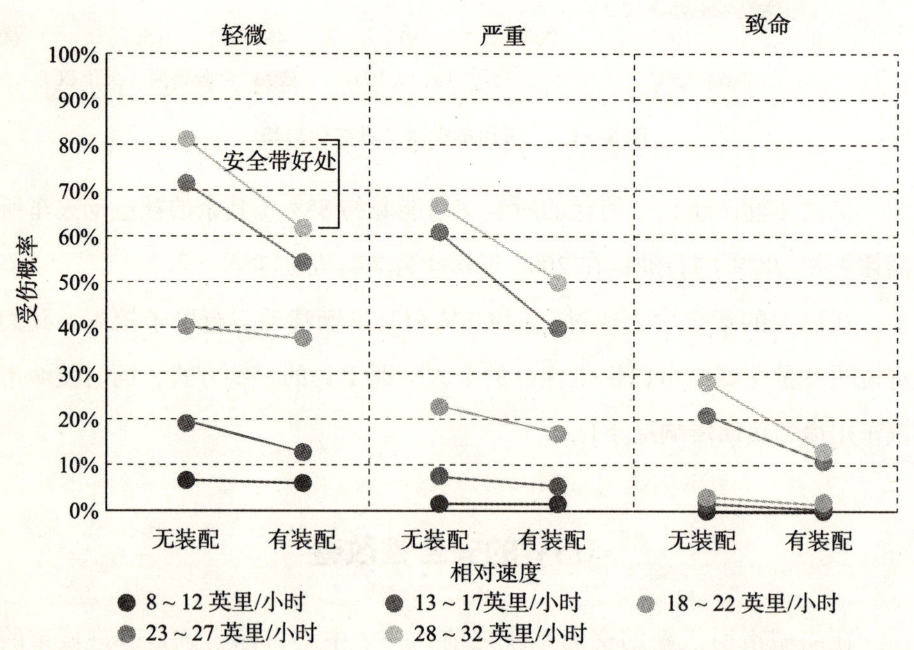

图 8—13　汽车到汽车冲撞数据显示，使用安全带，在 15 英里 / 小时以下行驶的冲撞避免概率较高

汽车与行人冲撞导致行人受伤的概率表明，如果汽车可以减速到15英里/小时以下，行人受伤就可能不那么严重。如果汽车初始速度接近25英里/小时，那么在今天通过感测和快速响应制动系统组合就可达到这个结果。然而，将来随着汽车实现与人的无线通信，这个系统将更精巧，价格也会降低。如第1章所提到的，通用汽车公司已经研制出了一个无线应答器原型，大小和手持设备差不多，可起到警告驾驶者和行人（或骑自行车者）彼此存在的作用，即使对方是隐蔽或分散的。

USV可取得的能效目标

电动USV可与公交、快速公交系统（BRT）、传统汽车、社区电动车（NEV）相媲美。这样，通过车身质量的减轻，USV比其他个人交通工具所达到的能效更高就不足为奇；但是令人吃惊的是它们有很高的公共运输系统适应性，特别是当我们考虑到实际或平均座位乘客率时（表8—1）。一辆标准公交车最大容量为44人，每个乘客所消耗的能源数量和两人座的电动USV相同。即使是在这种情况下，温室气体排放、尾管排放和耗油都是不相同的，因为公交车一般靠柴油机运行，而电动车靠电力并可利用多种能源提取燃料。而且，正如我们已经看到的，可再生能源所产生的电力百分数甚至可因为电动车的商业化而增长。

从成本考虑，一辆公交车成本可达400 000美元。另一方面，USV的成本可能在10 000美元以下，一般可容纳1.8人。一辆公交车的价格可能可以购买40多辆USV，可容纳人数达80人。尽管快速公交系统较之标准公交可提供更高的通行量和更高的乘座荷载，快速公交系统比标准公交系统明显代价要高，而且人均能效略低。

表 8—1　　城市交通各种模式之间的比较

能效和排放	尺寸（L×W×H）	整备质量（kg）	价格（$）	乘座人数	平均乘座人数	燃油经济等效汽油(mpg)	油井到车轮能源消耗（兆焦/乘客-英里）	二氧化碳排放（克/乘客-英里）
公共交通标准车	40' × 102" × 135"	14 000	400 000	44 座位 +34 站位（总共 78 个位子）	24	4	1.56	100
枢纽式快速公交系统	60' × 100" × 134"	21 500	980 000	27 座位 +90 站位（总共 117 个位子）	35	2.4	1.79	115
普锐斯	175" × 68" × 58.7"	1 330	22 000	5 个座位，WB=106.3"	2	48	1.61	118
奔驰两人座 Smart	106.1" × 61.4" × 60.7"	820	13 990	2 个座位，WB=73.5"	2	33	2.33	168
雪佛兰 Malibu	191.8" × 70.3" × 57.1"	1 550	19 900	5 个座位，WB=112.3"	2	22	34.5	281
雪佛兰混合 Malibu	191.8" × 70.3" × 57.1"	1 630	23 900	5 个座位，WB=112.3"	2	26	2.94	235
GEM-e2	99" × 55" × 70"	517	7 395	2 个座位，WB=72"	2	230	1.01	65
Zenn	121" × 58.8" × 55.9"	636	12 000	2 个座位，WB=81.9"	2	224	1.04	63.5
300 千克 USV	59.4" × 51.5" × 67.3"	300		2 个座位	2	369	0.63	39.6
450 千克 USV	59.4" × 51.5" × 67.3"	450		2 个座位	2	263	0.88	54.5

公共交通标准车　　枢纽式快速公交系统　　雪佛兰Malibu　　Zenn

由 20~40 辆 USV 组成的队列所具有的灵活性比有固定路线和运行时刻表的公交系统要高。然而，正如我们在第 7 章所看到的，响应调动系统里的 USV 可根据时间和要求提供服务。

通行量改善

作为地铁系统和高架系统的低成本的考虑方案，全世界许多城市采用快速公交系统，可提供的通行量类似。纽约市的林肯隧道快速公交系统在高峰时段每小时可运输 25 000 人。每隔 5 秒公交发车一次，但是在任何时候终点站都会留出足够的公交车供乘客装载和卸货，时间为 3~4 分钟。

如果两辆 USV 并排放置，横向距离为 50 厘米，车道的宽度将需要增加到 3.6 米（而标准公交车道为 3 米）。通过专用短程通信，允许每排之间的距离为 6.7 米是可能的。近来 V2V 的进一步完善可将这个减少到 4.4 米，在将来可达到 2.2 米。如果 USV 以 25 英里 / 小时的速度行驶，排间距为 2.2 米，或 7 英尺，那么有可能超过林肯隧道公交的通行量，前提是每辆汽车容纳 2 名乘客，两辆汽车并排行驶。

停车空间缩减

车辆的大幅度缩小可能不会对人口较少的效区和乡村地区有较大影响，但是对于潜在的停车空间较少、陆地价值较高的人口稠密的地区有较大好处。如同 UCLA 经济学家唐纳德·休普在《免费停车的高成本》（*The High Cost of Free Parking*）中所指出的，城市提供街道停车的成本比常规预计成本要高得多。提供停车场和停车场设置给房地产开发商带来的成本也非常高。城市区域的停车场要求的降低可能会减少街道拥堵，减少停车成本给城市生活所带来的额外费用，并释放出有价值的土地以用做生产。在组成形式复杂、没有设置停车场、也没有提供机会创造额外停车空间的城市区域，驻停更多的车唯一方式是增加停车密度。

在一个典型的曼哈顿街区（不计卸车区、消防栓等），容纳约 80 辆车是可能的。USV 所占据的空间显著低于一辆典型车，因此将这个数据扩大到约为 250 辆左右是可能的（图 8—14）。而且，由于汽车可与路缘呈倾斜角度停靠，USV 驾驶者可使汽车停靠后直接朝向人行道。

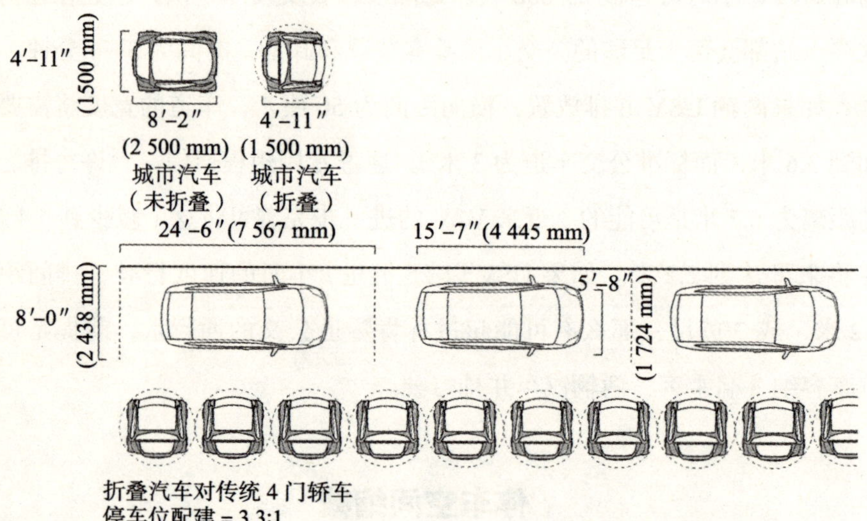

图 8—14　USV 和传统汽车街道停车占据空间大小比较

在一个典型的停车场，当停车场已达到饱和的时候，只有 1/3 的地面被汽车占据；剩下的空间用于汽车转弯（通道空间）或乘客上下车。通过更灵活的操纵性（急转弯的能力）和自动停车，这两个空间的要求可能缩减。（汽车甚至有可能在内部旋转这样驾驶员就可出来，面朝前方，尽管在自动检索条件下这可能根本不必要）。较小的占据空间，更高的灵活性以及自动停车等组合功能使一个可容纳 100 辆的 USV 的停车场比传统的停车场小 3~4 倍（图 8—15）。城市会好好设计通过使用 USV 所释放的陆地空间，驾驶员可从更低的停车价格中获益。

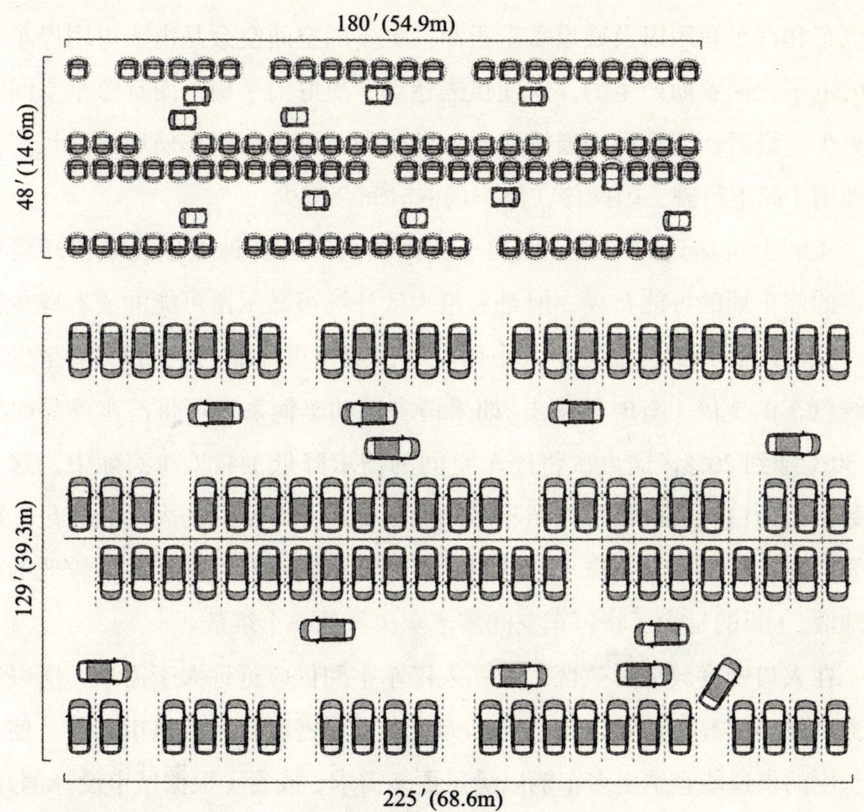

100辆城市汽车（折叠）对100辆传统汽车
停车场配建比=34:1

图 8—15 USV 和传统汽车之间的停车空间比较

对城市空间和舒适感的整体影响

正如我们已经展示的，几种因素组合在一起将会使电动 USV 大大减少对建筑物和城市区域的停车空间要求，因为这些车占据空间较小，而且对汽车和汽车间距以及通道需求很小。更多的空间空余是由于可用停车空间的电子化配置而产生的，这使供需达到了更好的平衡，而且停车空间浪费更少。最后，当采用交通按需服务的时候，可提高汽车使用率；汽车更多地用于路上行驶，因此停在停车场的时间会减少。

实际上可达到的缩减，取决于使用模式和特殊地点以及城市环境所提供的停车场的可能布局，但是通过大致计算可显示出可能的成本减少幅度。我们已经看到，在一个大小固定的区域里可停靠的电动 USV 至少为传统汽车的 3 倍（有时更多）。如果请求调动车辆系统可将汽车停靠时间从 80% 降到 20%，这再次将停车空间的需求降低 1/4。（在实际中，这个系数会因为白天行驶需求分布不平均而更低，停车空间的大小必需足以满足高峰需求。然而，当需求较低时，可调动车辆车队停驻在成本较低的周边地区。）目的是为了将停车空间需求至少降低一个级数。

在人口密度较低的效区，因私人停车空间供应远远大于需求，所以这种缩减较不明显。但是以街道停车为主的人口密度较大的城市区域，使相同长度的街道能容纳更多车辆以满足更多需求，或者（根据城市设计偏好）减少计划用于停车的街道百分比，是非常重要的。例如，从停车场释放的空间可用于绿化、修建路边咖啡馆和其他休闲设施（图 8—16）。

在城市区域、购物中心、大学校园和带有路边停车场和停车设置的其他环境中存在相同机会，可以提高停车设施的性能，或重新分配停车场占用的空间以作他用，这种做法所带来的地产价值非常显著，可以足以支付都市交通工具系统的运输成本，修建新的必要的基础设施，并扩大公共空间。例如，图 8—17 提出了一个佛罗伦萨城市设计方案。传统汽车沿古老城墙停靠，城门处设置了地下停车场。这就取消了目前会对大部分广场造成破坏的停车空间，并将这些空间重新用于建设公用和娱乐设施。在城墙范围以内，存在一种交通按需服务系统，使用了几种交通工具——USV、蓄电池电动摩托车和自行车。这些车型不仅提供洁净、无噪音的个人交通工具，而且行驶里程足以满足古城和大城市周边区域的需求。大城市周边区域会提供古城所没有的就业机会、购物中心和其他休闲设施。

停车空间和人类活动空间比率的降低也改变了城市区域的格局，消除了许多由停车和连续性的活动所产生的“死”角。这样可缩减交通噪音，当地空气污染的降低、汽车危险的降低，还会促使街道回到传统用途。它们可再次成为有吸引力、有活动活力的行人公共空间。

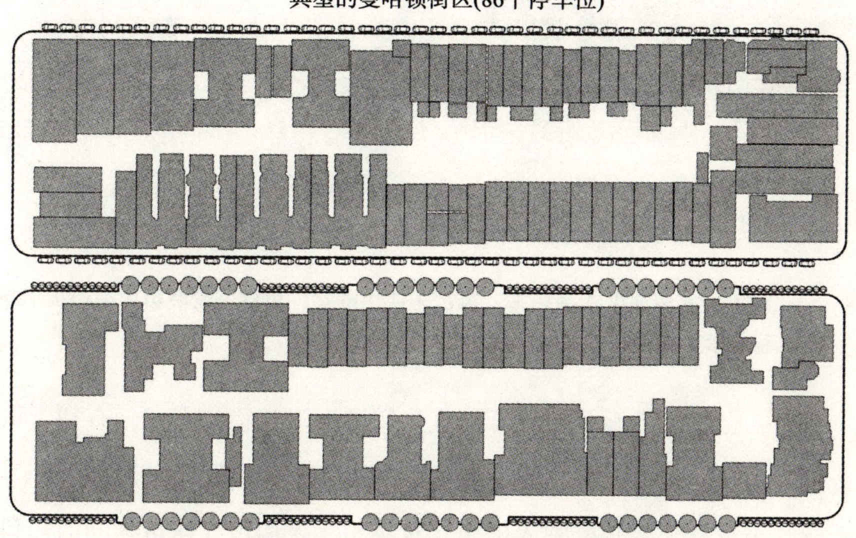

图 8—16　停车场减少使街道整洁性得到改善

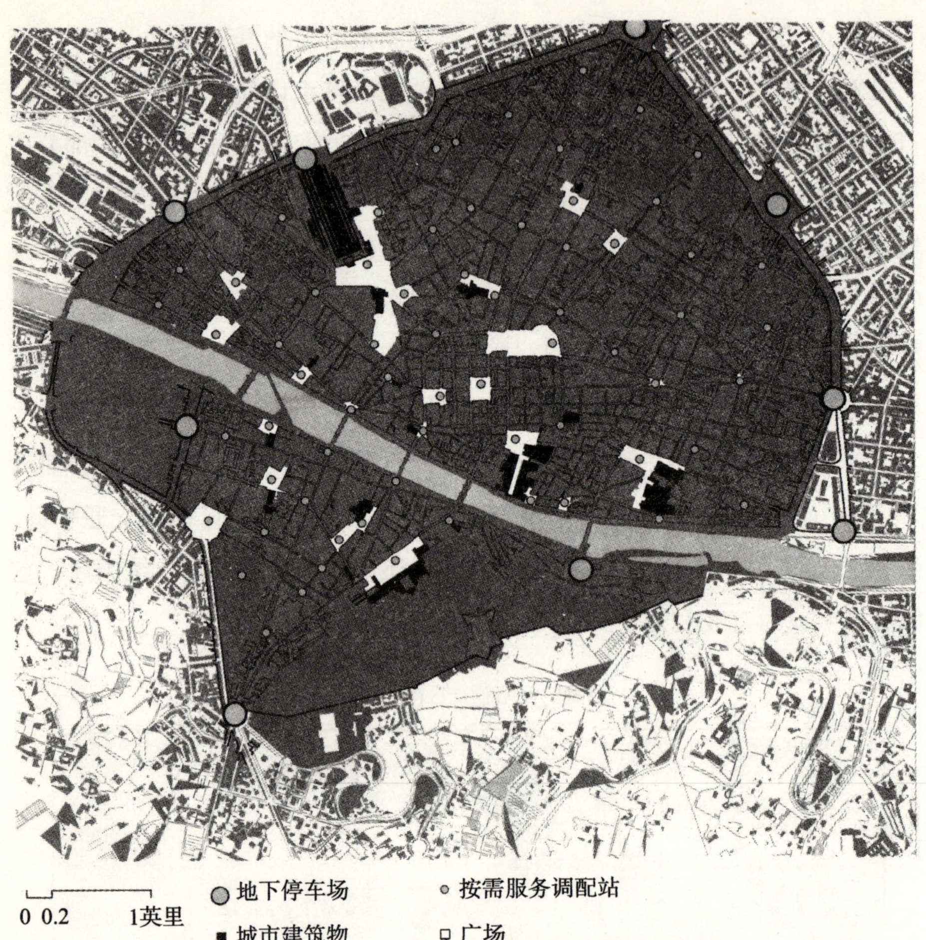

图 8—17 USV、蓄电池电动摩托车、自行车使用提案，为佛罗伦萨历史中心提供按需服务调配系统

最后，交通按需服务系统可改变我们进入建筑物的方式，有利于重新塑造建筑物和街道之间的关系。如果交通按需服务系统提供城市交通工具，那么就几乎没有什么必要驶入停车建筑物了，人们可在建筑物的前门口上下车。

可持续性发展的宜居城市

从整个历史来看，城市以及城市中作为交通工具的汽车得到了共同发展。它们适应彼此的形势和要求。汽车的进化使得城市有希望向新的方向发展。这种革新的道路对于长期性居住和可持续性发展是很重要的。

世界上许多更古老的城市，例如中世纪的中东和北非等基于CAMEL规范的城市，很少使用甚至没有使用车轮运输系统。这是一个典型的城市里人类和四肢动物与狭窄弯曲街道、步阶和斜面的城市模式的稳定性和灵活性达到平衡的范例。由于使用的交通工具质量和速度都很小，几乎没有什么交通安全顾虑。另一方面，罗马宽阔、坚固和平坦的道路表面能够很好地适应畜力拉车的行驶。（加速战车可能需要折旧。）一般来说，当稳定性和灵活性是主要考虑因素时，走路占优势；但是当机械能效和速度更重要时，对平坦表面的投资会增加，车轮占主导地位。

在工业革命初期，当轮式车辆里的蒸汽开始替代畜力时，以蒸汽为能源的火车刺激了对坚固、平坦的钢轨的投资，以供它们行驶，而日益扩展的铁路网络的发展增加了机车、马车的使用和需求。这反过来鼓励铁路站点和枢纽站以人口和设施集中化的模式的运行。

早期汽车的簧载车轮使它们具有了道路和街道导航功能——常常是大致的，路面为铺筑路面，是为行人、马车和低速行驶的畜力车而创建的。但是随着汽车功能更强大，行驶速度更快，汽车产生了对性能更好的道路和更高效的操纵的需求，而道路这种日益增长的普遍性鼓励了汽车的使用。长期结果就是促进完全符合汽车交通要求的街道和道路系统占主导地位的城市的进化。

同时，停车空间的设置成了城市设计的一个关键问题。街道通常因停车而受到阻隔，路旁停车场和建筑物占用了大量可作他用的城市空间。

而且，汽车车行道和停车空间的需求刺激了城市陆地大范围的修建，这减少了绿色和自然排水机会，并恶化了城市热岛效应。街道变得危险，噪音增加，空气质量降低，其后果便是他们作为公共社交空间的传统功能已经消失了，以其他方式充分利用自然通风的相邻建筑物通常会被密封起来并安装空调。

从更广泛的角度来讲，汽油燃料汽车的广泛使用刺激了低效和复杂的陆地使用模式。许多城市逐渐出现了陆地和能源使用效率极低的人口密度较低的城市边缘，出现了经济不稳定性，并且能提供的社会工作和文化教育机会也较少。

这些状况众所周知，并经常被认为是无法避免的，或者至少无法与个人城市交通工具分离开来。它们所具有的确定的、普遍的特性使人们怀疑基本变化的可能性，但是这忽略了历史的教训和城市交通规则。USV 具有无法抗拒的优势。和许多有侵略性的产物一样，它们首先在与自身性质相适应的城市环境里生下根来，与传统汽车竞争——其中他们所具有优势是不言而喻的。这使得共同进化、相互适应的汽车和城市形式产生了相同的程序。随着时间的流逝，由于过程中聚集了能量，我们将会看到有更多的城市能提供高性能且更安全、噪音更小、更洁净、更生活化并比今天的汽车更具可持续性的个人交通工具。发展缓慢的城市很快发现与发展迅速的城市相比，竞争弱势不断增加。

你能设想一下充满了干净、噪音低的 USV 的曼哈顿拥挤的街道吗？你能想象一下它们充满绿色植被和行人休憩设施并被自然通风的建筑物环绕的情景吗？可能现在还很困难。但是请记住，这些街道曾经有无数的马拉着车从上面行驶而过。

Reinventing
the
Automobile

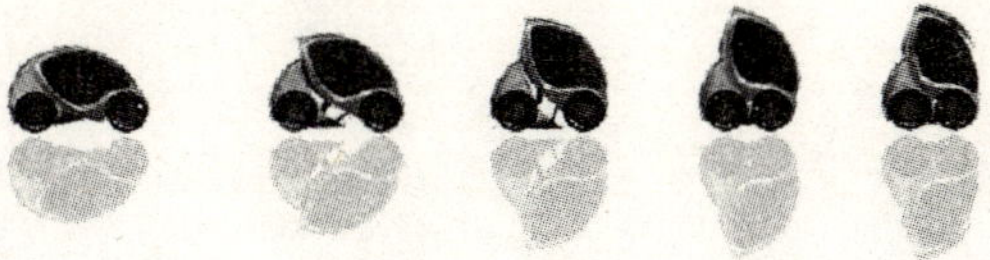

第9章

驶向“未来车”世纪

我们已经阐述了如何实现城镇之间自由、安全、便捷的交通往来，介绍了适合人们使用的清洁高效的交通工具，它们在让人们享受出行带来的乐趣的同时，保证了个人和家庭、社会以及商业网络的紧密联系。图 9—1 是对我们所讨论的汽车革新方案的核心总结。城市化进程的加速、能源和移动系统的电气化、电信和信息加工处理各个领域进行的数字革命，这三大趋势正在相互融合，从根本上为重塑个人城市交通创造空间。具体来说，电气化与无处不在的超小型电力车（USV）的联合，很好地适应了城市生活的需要，缓解了城市生活中的某些限制和约束。

在城市范围内，城市系统管理与电气化优化组合，进而促进电动车辆与电气化基础设施及智能电网的协同整合。同样，管理和优化技术的结合，促使大规模实时性交通数据和价格信号得以反馈至汽车本身。这就为有效配置路面以及泊车空间，从而动态满足不同的流动性需求创造了条件。这一切构成了针对车辆改造的全面设想，同时也是改善个人城市交通系统及与之紧密相连的城市格局的总体设想。

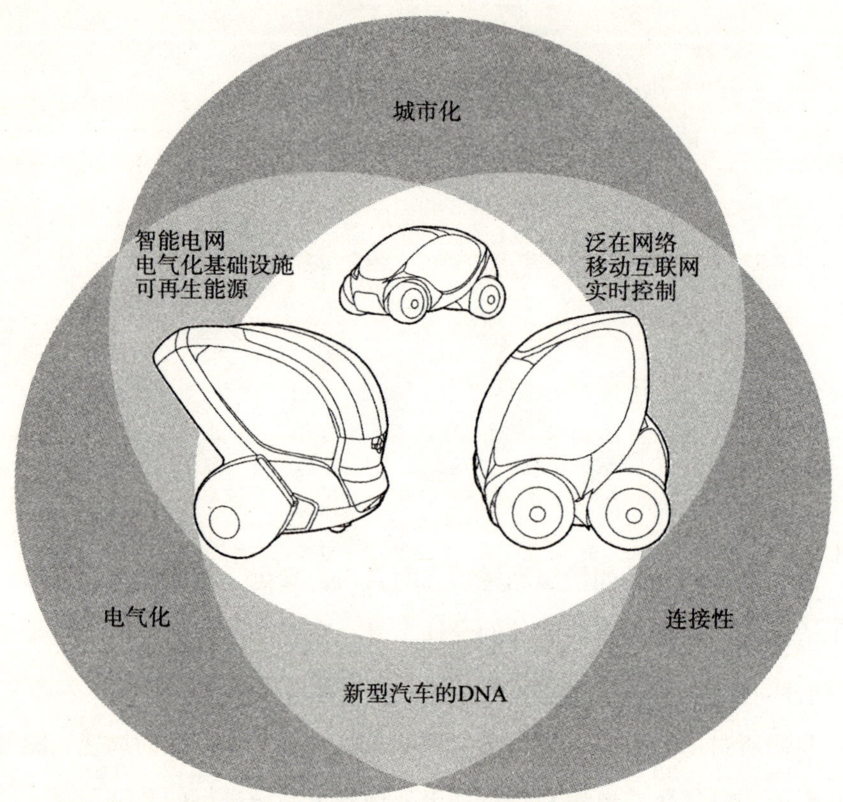

图 9—1　日益加速的城市化进程、能源和交通系统的电气化以及正在进行的数字革命，这三者的融合从根本上为重塑个人城市交通系统创造了空间

我们相信，这一设想在技术上是可行的。更让人振奋的是，我们相信实现这一愿景所需的成本还不到现今人们所拥有的普通车辆运作成本的四分之一。

但是，如何才能实现这一美好愿景呢？

互联网的教训

首先，我们应当学习和研究具有与个人城市交通系统规模和范围相当的网络系统，从其产生、发展以及广泛被接受的过程中吸取经验和教训。特别是迅速为人们所接受、且持续革新的互联网，为我们提供了许多重要的前车之鉴。

首先，很明显，大规模的网络依赖便宜而理想的设备来提供广泛的接入点，以及作为网络节点。就互联网来说，在20世纪80年代初出现的廉价个人电脑、紧接着出现的笔记本电脑、再后来的智能手机，刺激了其20多年的快速增长，最终使网络连接无处不在。对于这些设备来说，其数量在市场上的增长，反过来又促进了技术创新投资的增加和经济规模的扩大，从而进一步压低了成本，促进了经济的发展。

就个人城市交通网工程来说，其拥有智能化且紧密衔接的电驱动汽车作为接入设备，定位与个人电脑相当。就好比个人电脑与大型计算机相比，个人电脑更小，更轻，比以往的电脑更便宜，电动汽车也是如此。此外，它基本上属于消费电子设备，因为其依靠的是自身功能，而不是机械和结构部件。和传统汽车相比，它更依赖于电子和软件。因此，其费用可以不断走低，然而其性能却在不断改善。这些方面都同电脑的成本降低和性能提高相同。

其次，这些设备可提供极具吸引力的新服务。一旦个人电脑连接到互联网上，它就提供收发电子邮件、访问网页、进行电子商贸以及进入社交网络的功能。苹果的iPod播放器向用户提供iTunes音乐商店这一转型后的音乐发行途径。亚马逊Kindle阅读器提供无线下载书籍的服务。人们使用这类设备越多，这些服务的市场就越大；同时，这类服务越多，人们购买这些设备的动力也就越大。

同样，在个人城市交通网络中，智能化且紧密衔接的汽车不仅仅只是交通运输工具了，它们增强了人们对其他车辆和周围环境的认识，人们的出行从此更安全、更高效。它们也提高了人们对当前电力价格、道路空间、泊车空间的认识，在某些情况下可提示人们公共车辆的使用状况，并通过智能响应价格信号促进资源的重新优化使用，以实现流动性目标。

第三，开放标准，如 TCP/IP 协议（传输控制协议 / 互联网协议）和 HTTP（超文本传输协议）促进了互联网以及网络的爆炸性增长。这些都不是封闭的、受到某个组织的投资和策略能力限制的个人系统。任何符合有关标准的人都能成为其中的一部分，并可与其他组成部分进行交互操作。因此，互联网及网络大多不是自上而下的、有计划地增长，而是采取分散、基本上不协调的发展方式。从个人和小型网络的连接到开始进行交互操作，他们如滚雪球一般逐渐发展壮大起来。

逐渐发展的个人城市交通系统也提出了要求：广泛接受的开放标准、鼓励尝试自下而上的发展方式和部署、减少封闭的个人系统以及实现由不同公司和运营商生产的车辆运行系统的互操作性。特别是，有效的标准将用于电信、电气化基础设施、电网、关键部件的硬件接口和子系统（非常类似 USB 设备插上计算机的 USB 端口）。

最后，通过公共和个人的计划与投资的复杂组合，互联网的发展已经完成。最初的研究和发展，以及增长的第一阶段，来自美国政府从高级研究计划局（ARPA）和国家科学基金会（NSF）得到的资金。当这一制度达到了一定规模时，便吸引了来自基础建设、设备器械、软件公司等的多方投资。许多寻求商机的新创公司的投资也应运而生。

积极的网络外部扩展，即新节点的实用性越来越大，推动着网络的普及。如果除你以外，其他人只有一个有电子邮件，网络几乎作用不大；如果其他 10 个人有，那么网络就显得更为有用；如果每个人都有，它便成了不可或缺的一部分。网络的普及，增加投资的吸引力就越大，即便是将来也是如此。和内封闭式的系统相比，有了开放标准和互操作性，滚雪球效应就更容易发挥作用。

个人城市交通网络也是如此。启动这一进程需要一些大型初始投资，这可能是来自公众或是个人，或二者的结合。从此以后，道路上行驶的智能化汽车、联网电动汽车越多，为了提高安全和效率的合作机会就越多。车辆越多，其创造的需求也越大，充电基础设施方面投资的吸引力就越大。充电基础设施越普及，收购或使用的车辆的吸引力就越大。连接到智能电网的车辆越多，车辆和智能电网之间的协同作用就越强。总体来看，停车场和收费站网络越大，网络增长的吸引力就越大。在初始投资和部署方面，我们的目标应该是开始滚雪球的进程。

因特网和万维网开始时规模并不大，但一直蕴藏着爆发力，并最终普及开来。个人城市交通系统有相似的特征，可以以同样的方式发展。

大型合作依存关系的挑战

然而，在将互联网的经验教训运用到个人城市交通系统时，我们必须确认并开发出有效的战略来克服当今的汽车运输系统存在的巨大惯性。这惯性来源于规模和相互依存性。

正如我们前面提到过的，仅仅就美国而言，就有 2.5 亿辆汽车和卡车、203 万个拥有驾照的司机、400 万英里长的道路、17 万个服务站。此外，

1 400 万人靠生产、销售、维修汽车、生产和销售汽车燃料、建设维护道路治安为生。改造这一大系统可以说是一项艰巨的事业。

系统之间合作的依赖关系加剧了挑战性，汽车必须依靠道路以及获取方便、价格合理的燃料才能正常运行。道路是典型的以燃料税作为资金来源的设施。汽车的增加，意味着驾驶增多，燃料消耗的增加，以及税款收入的增加，这就可促使更多和更好的道路的建成。好的公路网络意味着汽车可以提供更多的流动性价值；反过来，这也导致汽车的增加。此外，道路设计取决于车辆的属性。车辆的设计要满足公路标准，燃料规格必须合乎引擎的要求，引擎的要求是受排放和燃油经济性法规驱动的。最后，因为今天的汽车是受人类控制的，改变我们的驾驶方式是一个大问题，因为这要求数以亿计的司机接受再培训。很明显，首先考虑的是这一体系中的所有部分都彼此紧密相连，这或许让人感觉有些沮丧。

考虑到当今汽车运输系统的惯性，通过渐进的而不是激进的变革，汽车及其相互依赖的能源基础设施巷道随着时间的推移逐步得到改善。这一点并不让人惊讶。但是，由于高度进化和集成系统的特性，它们已经达到了一定的程度，如果进一步发展将会导致越来越多的边际效应。

这类似于 20 世纪 60 年代、70 年代和 80 年代时通信行业的状况。当时，互联网和个人电脑的广告充斥着电视荧屏，电话、广播、电视、报社、书社、大型计算机，这些都是大型的、高度发展的大行业，在许多情况下，受到严格管制，相互依赖，并与复杂网络紧密联系在一起。后来，其技术和商业模式受到了来自分组交换、数字网络、廉价半导体、个人电脑、IP 多媒体、电子邮件、网站和浏览器、搜索引擎等的干扰和挑战。完全不同于以往的产品和系统，商业和企业模式从这些干扰中脱离出来。其结果是大大加强了沟通和交流，改善了一些高利润的新业务，促进了非同寻常的经济增长时代的发展。之前，我们在这本书中提供的一些观点，都是关于个人城市交通系统如何开始制造类似的创造性干扰。

解决一个棘手的问题

通过技术、设计及业务创新对个人城市交通系统的大规模改造，这是30年以前霍斯特·瑞特尔（Horst Rittel）和梅尔文·韦伯（Melvin Webber）创作中的经典范例，它被定义为“棘手的问题”。这涉及高度相互依存的系统体系。为改善整个系统的某一方面而采取的适当行动，可能会产生意想不到的反应和令人难以接受的副作用。这一系统具有复杂性和不确定性，它不遵从直接简单的步骤，即从确定目标到设计和策划解决方案，再到产品制造、系统的综合和部署。它不同于将人送上月球的行动，而是要求对各种可能性进行创造性的设想，持续地对原则和办法进行辩证性的商讨，使可能有着不同利益甚至利益相互冲突的相关人员参与讨论，最后，达成共识，结成利益联盟，并灵活应对意想不到的曲折。

城市设计师和规划师对这些棘手问题及其处理方法和策略的了解程度甚至超过了产品设计师和工程师。但杰出的商业撰稿人已越来越多地参与到这一想法中来，尤其是在追求转型变化的时候，他们还提出了一些有益的建议。这里，我们简单介绍一些撰稿人和他们的想法：

- **罗素·埃考夫（Russell Ackoff）**在“理想化设计”中，他建议首先要考虑到预期的目的，即理想的解决方案。然后，根据今天所到达的地点，反方向制定目的地的路线图。它强调促发根本的、全新的变革。理想化的设计有助于消除变革中的障碍，并通过设计系统第一时间“消除”问题。

- **罗杰·马丁（Roger Martin）**的“商业设计”方式表明，传统的解决问题的方法倾向于遵循一种线性模型，以收集数据为基础来了解问题，并通过分析这些数据来制定一个解决方案，然后将这个解决方案付诸实践来解决问题。与此相反，设计师往往不太遵循这种线性模型。他们从理解这个问题着手，然后迅速转移到制定可能的解决方案，然后再跳回到对这个问题的理解上来。设计师们懂得对一个问题的认识只可能来自提出可能解决方案的过程中，随着对问题理解的加深，就会有越来越多的更好的解决方案涌现。

- **安妮塔·麦加恩（Anita McGahan）**通过各种案例研究，列举了本世纪可能变成“棘手问题”的一些议题，包括饥饿、疾病、恐怖主义、气候变化、可持续经济增长、可持续移动等。这些问题不仅要求寻找解决方案，同时要求在产品、加工、服务方面进行技术创新和组织创新（包括企业间合作组织、政府组织、非政府组织、国际多边机构），及社会契约的结构调整。

- **克莱顿·克里斯滕森（Clayton Christensen）**在《创新者的困境》中，提出了破坏性创新的原则，可以有效地抵消现有产品和服务解决方案给消费者想要达成的目的造成的影响，消除惯性。现有的解决方案通常过于详细，这为创新者提供了机会，使他们能在“雷达屏幕”下准确展开攻击，以更简单、更低成本的设计，更好地满足客户的需求。在第 4 章介绍的超小型电力车符合这一类型。作者还强调要实现转型变革，就要重视价值主张的推行、市场“立足点”和迅速的学习周期。

- **马尔科姆·格拉德威尔（Malcolm Gladwell）**的“引爆点”理论解释了思想、潮流、社会行为可以如何跨越临界门槛，引爆某个系统，然后迅速蔓延开来。人具有社会性这一事实使引爆点理论得以实现。面对巨大的惯性，要实现转型变革，就需要大众的认同，以及对引爆点不断的追求。

综合上述作家所总结出的经验，我们可以踏上旅程，去想去的地方，即使最终到达的地点可能与最初决定的目的地不同。如果我们的意志足够坚定，并将注意力集中在“棘手问题”上，破坏性创新一定能够打败惯性。如果在前进的过程中，我们能坚持规划路线图，并牢记目的地，就可能在不知不觉中，迅速而有效地到达引爆点。

从理想化设计的角度来看，我们的最终目的是使人们能够自由行动和交流，和目前所达到的水平相比，让人们能够享受更多的自由和乐趣。与此同时，不会给人们带来任何负面效应，如空气污染、不可再生能源消耗、伤亡、财产损失、时间的浪费、使用机会的不平等。第 8 章介绍的理想化解决方案大纲是以综合第 1~7 章介绍的四项建设为基础。为了促进这一解决方案早日达到预期的目的，撰稿人埃考夫应该会建议从这个纲要出发，逆向制定有计划的行动路线图。这样会使我们的行动更为成熟，保证与计划同步进行，还能集中所需要的驱动因素。

从创新者的两难困境角度看，许多我们所需要的引擎的范例和市场测试“立足点”已经存在了：

- 电池电动车、增程电动车、燃料电池电动车正在开发和销售。
- 大量的汽车和专业公司（雪佛兰 Sequel、CityCar 和赛格威 PT 等车型），已经开创了使用车轮马达推进、制动、转向的先例。
- 远程信息通信服务正日益普遍。例如，安吉星（On-Star）车载导航信息系统拥有大约 600 万客户。
- 富含信息的数字地图和 GPS 导航系统的使用率非常高，并将保持持续增长。
- 可调节的巡航操纵装置、车道偏离预警、车道维持系统在客运车辆中已经或正逐渐走向商业化。

• 通用汽车已经展示了车辆对车辆、车辆对行人的通信设备，并已获得 PDA 大小的异频雷达收发机的专利，使这一通信设备得以发挥其功能。

• 自动驾驶已在美国国防高级研究计划局（DARPA）举办的城市挑战赛中得以成功展示，阿布扎比（阿拉伯联合酋长国之一）是马斯达尔个人快速公交的先驱。

• 伦敦、新加坡等地，采取道路收费的方式来缓解交通堵塞现象，及减少汽车的使用率。

• 无车区域已经在美国纽约和荷兰的阿姆斯特丹建立起来。

• 自行车和公共汽车共享服务（Zipcar、I-GO）已经出现。

• 大规模的单程租赁和按需交通服务系统的应用已经在自行车共享计划中得到展示。

现在的关键是带着对客户的强烈关注，快速学习这些基本点。也就是说，追求个人移动性，而社会极力寻求解决外部消极影响的出路，以及将这些创新整合到理想化的设计蓝图中去。

从引爆点的角度来看，我们必须去制定自己的路线图，并在我们前进过程中所吸取的经验教训的基础上不断改进，引导我们朝着既定方向前进，让驱动愿景实现的单个或集合因素迅速而有效地达到引爆点。前文提到设计人员通过提出初步解决方案来重新定义问题，以获得更深入的理解并提出更佳方案，此处阐述的方法与此过程是一致的。设计过程初期，我们必须把重点放在达到引爆点上，接着率先启动一个能够自我维持的增长动力，直到这一方法得到广泛使用。

最后，为解决可持续移动性挑战的“棘手性”，我们必须追求组织创新和新的社会契约。当今的个人移动解决方案明确规定潜在的合作依存关系，使我们清楚地认识到不能单靠一个公司、行业或政府工作实现变化和转型，而必须找到新的合作途径建立合作关系，促进我们的理想解决方案得以实现。

基本的步骤

概括来说，要使可持续个人移动性的想法成为现实，必须采取必要的行动：

1. 考虑到长远目标的要素和重点，我们必须尽可能在关乎个人城市交通的人群中形成广泛的共识。利益相关者包括汽车公司及相关企业、运输单位、信息技术公司、电力公司、能源公司、房地产开发商、城市规划师和设计师、法规和政策机构、各层面的政治领导人。他们之间的共识不够完整，也无法做到完整一致。但如果有足够的相互认可，也将为规划的发展提供可行的基础。为了达到这一点，我们必须认清各个团体的不同利益，甚至彼此的冲突，考虑复杂的合作所涉及的相关性，找到创造性的解决办法，使大家的利益和目标相结合，并打破狭隘的、局部的个人主义框架。这将为必要的共同认识、动机和集体意志创造条件。

2. 为实现愿景，我们必须制定全面转型的蓝图。这就要求领导者能召集关键利益集团组织商讨发展路线图的细节、组织创新，特别是在公私伙伴关系方面。在固有的转型变革中，在分享私人和公共风险和回报方面，必须有一个明确的界定。

3. 路线图必须立足当前，并和未来紧密相连，测试和改善我们的理想化解决方案的各方面驱动因素，着眼于以最低的成本迅速达到市场临界点。最终将广泛推向市场，扩大个人移动需求量。如果商品的价格超过了商品的价值，消费者不会大量购买。如果生产的成本超过了商品的市场价格，公司的大批量出售就会受到限制，政府补贴不能负担起大批量生产。转型路线图必须充分综合这些现实因素，并考虑技术到达成熟顶峰以及经过世代级的改进发展后成本可能达到的水平。每一代都将提供由消费者、产品和供应商组成的基本学习体验循环，随着这一体系向前发展，逐渐达到所追求的引爆点。我们对这种转变必须加以管理，所有参与人都应该彼此充分信任，相互鼓励，为这一愿景的实现共同努力。

4. 这一路线图必须包含一系列可选方法，以最终达到我们想要的结果。将全部希望都只寄托于良好的技术和路线上，这一做法显然是不明智的。分化组合能够保持风险和回报的平衡。我们相信，在这本书提出的可持续个人移动性议题的愿景是非常引人注目、充满希望的，但和大多数的愿景一样，它同样充满了不确定性。我们要使选择多样化，在我们吸取经验和教训的同时，逐渐完善这一路线图。如果孤注一掷，没有可供选择的余地，就会存在很大的风险性。

5. 制定切实可行、具有有效推动性的标准，寻求对积极连带外部效应的治理方式。TCP（传输控制协议）、IP（互联网协议）、HTTP（超文本传输协议）等切实可行的标准为互联网和万维网的快速发展开辟了道路。同样，它也可以为个人城市交通体系服务。也许独占、封闭的标准和系统可在短期内凸显出其商业优势，但从长远来看，其必将被各个子系统之间的交互操作性所带来的巨大优势压倒。有新的元素和力量注入，网络将迅速发展，而不会存在任何困难。每个新的元素和力量的加入，都增加了网络的价值，对其使用者来说，都是有益的。

6. 我们必须让人们发挥想象力并对新体系产生渴望。对于任何新生体系，只有其潜在用户对其充分了解并且渴望实际应用时，该体系才能取得成功。然而，要想了解一个体系并不是件容易的事情，更不必说渴望了。

因为它极具抽象性和技术性，所以要有多样化的、富有想象力的设计探索，引人入胜的描绘，以及令人信服的原型和试点项目。

可持续的个人移动性是一项基本需求，同时也是一个绝佳的机会，一个棘手的问题。正如罗杰·马丁所说：“棘手的问题需要我们运用我们掌握的所有的创造力和知识加以解决。通过努力，达成相互理解，完成共同使命。依靠集体的力量，我们能塑造世界，使它变得更加美好。无论我们是独自面对，还是共同面对机遇和风险，我们的命运和共同财富始终掌握在我们自己手中。”

对汽车进行改造的机会掌握在我们手中。沿着可持续发展的道路，我们要创造更高效的个人城市交通体系，给城市发展重新定向，促进清洁的、绿色经济的增长。这一机遇要求对汽车的DNA进行重新定义，创建移动互联网，推行清洁、智能能源的供应，为道路空间、泊车位以及车辆开发动态定价的电子化管理市场。

译者后记

到 2025 年，全世界 80 亿人口中超过 60% 的人口将生活在城市。人口向城市迁移的原因是因为在某些地方，城市化是一种逃离，让人们远离贫瘠的土壤、战争、贫穷以及其他自然和人为的灾难。而在更多的地方，城市化是全球化带来的新经济机遇及挑战的结果。新的组织和管理交通运输及城市发展的方式将为我们带来更美好的城市生活。这种城市人口和财富的集中以及人们对生态环境和地球能源储量的重视，引发了对 21 世纪汽车革命的需求。

过多的汽车和拥堵的停车场使城市的运输系统显得更缺乏安全、便利和舒适性。而且它们还会制造超过地球生态系统消化能力的废气——包括温室气体和全球变暖效应，从而对地球生态系统造成无可挽回的破坏。

本书认为，汽车革命可成为解决这些问题的有力措施之一。在维持甚至是提高城市个人移动的便利和舒适水平的同时，我们所介绍的新型汽车和个人都市移动系统可保证降低移动系统对整体能源和材料的要求；促使不可再生能源向清洁、可再生能源转变；降低尾气排放；提高能源安全效果；普遍提高都市生活质量。这些汽车也以其娱乐性、时尚性和经济性而对消费者充满了诱惑力。有一点是很关键的：只有获得了大多数消费者的认可，汽车革命和移动系统才会对我们需要的都市持续发展创造巨大的效益，为汽车行业注入无限生机，并有助于为未来营造一个洁净、绿色的经济体系。

在发展的第一个百年里，汽车不仅仅为运输行业带来里程碑意义上的变革，它更使我们的社会发生翻天覆地的变化。在第二个百年里，正如我们不断改造汽车以适应社会发展的需求，它们继续推动未来社会的发展。通过电气化系统和无线互联，我们将可能创造出适合城市居民的“城市汽车”，适合青年人和老年人驾驶的自主驾驶汽车，以及大大降低能源消耗并解决汽车带来的环境污染、安全度降低和交通拥堵问题的洁净、高效的汽车。新的DNA将使我们的汽车变成运输、能源、信息和社交网络上彼此联系的一个节点，带来新的商业机会和契机，刺激全球持续性的经济发展。

正如数字化革命一样，处于急速发展阶段的个人交通工具革命将通过一系列新兴技术的融合实现，而不是仅依靠某单一技术解决方案。而且，如同因特网不会给某个个人计算机制造商优于另外的某个制造商的机会而是使所有计算机联合起来发挥其多方面的功能一样，这个道理同样适用于我们未来的交通移动系统。这个系统所包含的汽车新的DNA将使驾驶具有更多现实意义、更富有乐趣也使每个人收获更多。

为了应对能源的可持续性、二氧化碳减排和城市化进程的全球性挑战，汽车工业正处于革新时期。汽车和智能交通系统将成为未来城市交通的关键要素。汽车工业通过全新的DNA基因正在重塑汽车，使之更节油、更具有可持续性、更安全，而且更具驾驶乐趣。我们未来的汽车将采用电气化平台和车联网技术，实现汽车之间的“对话”，最终实现自动驾驶的全新城市个人交通概念。

田娟

一切为了您的阅读体验

我们出版的所有图书都将归于以下几个品牌

管理智慧　营销智慧　商业智慧　湛庐教材　喜福绘

典藏大师　花时间　心视界　财富汇　长考堂

找“小红帽”

为了便于读者辨认，我们在每本图书的书脊上部50mm处，全部用红色标记，称之为——“小红帽”。同时，“小红帽”上标注“湛庐文化·出品”字样，小红帽下方标注所属图书品牌名称与编号。这样便于读者在浩如烟海的书架陈列中清楚地找到我们，同时便于收藏。

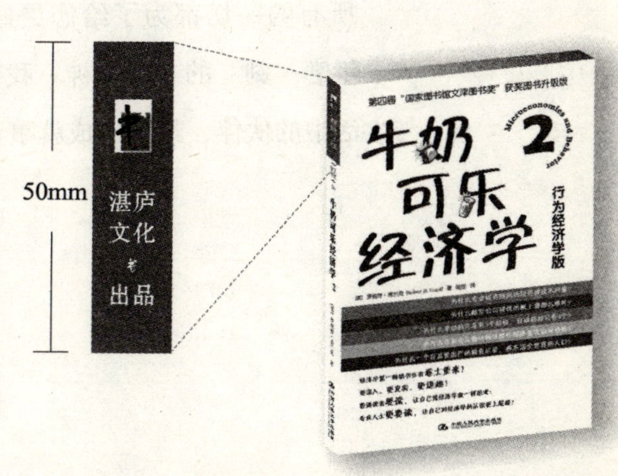

找“湛庐文化”

我们所有出品的图书，在图书封底都有湛庐文化的标志和“湛庐文化·出品”的字样。

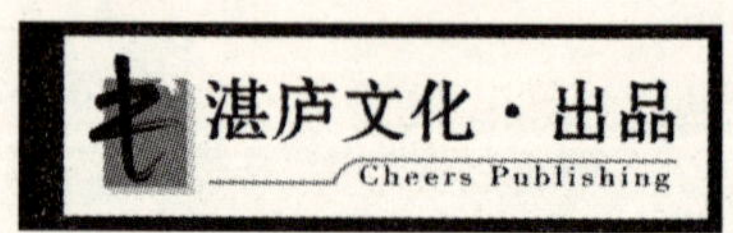

用轻型纸

您现在正在阅读的这本书所使用的是轻型纸，有白度低、质感好、韧性好、油墨吸收度高等特点，价格比一般的纸更贵。

关注阅读体验

我们目前所使用的字体、字号和行距，是在经过大量调查研究的基础上确定的，符合读者阅读感受。每页设计的字数可以在阅读疲劳周期的低谷到来之前，使读者稍作停顿，减轻读者的阅读疲劳，舒适的阅读感觉油然而生。

所有的一切都为了给您更好的阅读体验，代表着我们“十年磨一剑”的专注精神。我们希望我们能够成为您事业与生活中的伙伴，帮助您成就事业，拥有更为美好的生活。

湛庐文化08-09年获奖书目

《牛奶可乐经济学》

国家图书馆"第四届文津奖"十本获奖图书之一，唯一获奖的商业类图书；

搜狐、第一财经日报"2008年十本最佳商业图书"。

用经济学的眼光看待生活和工作，体验作为"经济学家"的美妙之处。

《企业的人性面》、《决断》

《商学院》杂志"2008年十本最具商业价值的商业图书"。

《决断》诠释领导者最重要的能力素质的伟大著作！

《企业的人性面》管理思想大师麦格雷戈一生唯一著作50周年纪念版。

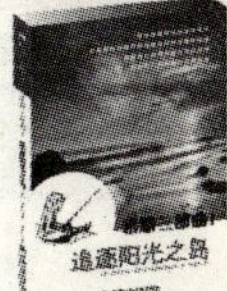

希腊三部曲:**《追逐阳光之岛》**、**《桃金娘森林宝藏》**、**《众神的花园》**

新闻出版总署"第六次（2009年）向全国青少年推荐百种优秀图书"之一。

"希腊三部曲"仿佛艾丽斯仙境与伊甸园，充满好闻的味道、缤纷的颜色、可口的食物、柔软的触感、奇怪有趣的人物和无尽的爱、学习与玩乐。

《未来是湿的》

央视子午书简、《中国图书商报》"2009年最值得一读的30本好书"；

《第一财经日报》、新浪读书频道、蓝狮子读书会"2009年最佳商业图书"；

《21世纪商业评论》"2009年度最受商业领袖关注的书籍"。

2009年不可不读的一本书，体会互联网下无组织的组织力量。

《30而励》

蓝狮子读书会、新浪读书频道、《第一财经日报》"2009年最佳商业图书"。

央视风暴主播芮成钢带你了解中国与世界！

《在萧条中飞跃的大智慧》

《21世纪商业评论》"2009年度最受商业领袖关注的书籍"。

日本"经营之圣"稻盛和夫谈危机下企业的生存之道。

《查理·芒格传》、《伯恩斯坦金融三部曲》

《第一财经日报》"2009年度十大金融书籍"。

《查理·芒格传》国内唯一芒格本人及巴菲特授权的中文传记。

《伯恩斯坦金融三部曲》美国著名金融史学家彼得·伯恩斯坦金融经典精彩呈现。

延伸阅读

《谁说商业直觉是天生的》

◎ 直觉是解决问题的最快方法！
◎《商业周刊》年度图书，斯坦福大学最奇特的一堂课！
◎ 看世界上最有创意的人，如何培养又快又准的商业直觉！

《米哈尔科商业创意全攻略》

◎ 关于创造力，全世界公认最好的一本！
◎ 畅销全球 20 年的商业创意攻略带你玩转商业创意！
◎ 商业人士必读经典、创意思考的玩具箱！

《引爆市场力》

◎ 管理大师拉姆·查兰、普拉哈拉德倾力推荐。
◎ 哈佛商学院出版社出品。
◎ 剖析驱动企业持续成长的关键。

《够了！创意》

◎ 设计大师遗世之作；风靡网络的私家创意经典。
◎ 一辈子只做五样事的设计奇才的宣言。

《汽车销售的第一本书》

◎ 4S 店镇店三宝之一，奔驰、奥迪、凯迪拉克销售教官亲授。
◎ 第一版推出至今畅销不衰，汽车销售人员人手一册。
◎ 6 000 多家汽车经销商成功应用。

《汽车销售的第二本书》

◎ 销售行为学家、高级营销顾问、畅销书《用脑拿订单》和《汽车销售的第一本书》作者孙路弘先生亲自挑选、鼎力推荐！
◎ 作者创作了一幅具有说服力且操作方便的行动指南，指出创造和维持客户忠诚的途径。

Reinventing the Automobile: Personal Urban Mobility for the 21st Century by William J. Mitchell, Christopher E. Borroni-Bird and Lawrence D. Burns.

ISBN 978-0-262-01382-6

图书在版编目（CIP）数据

“未来车”世纪 /（美）米歇尔等著；田娟译.
北京：中国人民大学出版社，2010
ISBN 978-7-300-12406-3

Ⅰ.①未…
Ⅱ.①米… ②田…
Ⅲ.①汽车工业-经济发展-研究-美国
Ⅳ.①F471.264
中国版本图书馆 CIP 数据核字（2010）第 130173 号

“未来车”世纪

威廉·米歇尔
[美] 克里斯托弗·波罗尼柏德 著
劳伦斯·伯恩斯
田 娟 译
“WeilaiChe” Shiji

出版发行	中国人民大学出版社		
社　址	北京中关村大街31号	邮政编码	100080
电　话	010-62511242（总编室）		010-62511398（质管部）
	010-82501766（邮购部）		010-62514148（门市部）
	010-62515195（发行公司）		010-62515275（盗版举报）
网　址	http:// www. crup. com. cn		
	http:// www. ttrnet. com（人大教研网）		
经　销	新华书店		
印　刷	北京京北印刷有限公司		
规　格	170 mm × 230 mm 16 开本	版　次	2010 年 8 月第 1 版
印　张	15 插页 4	印　次	2010 年 8 月第 1 次印刷
字　数	183 000	定　价	39.80 元

湛（zhàn）**卢**（lú）

铸剑大师欧冶子『十年磨一剑』，炼就了『天下第一剑』湛卢剑。

——《吴越春秋》记载